Texte für die Seele

Christoph Markschies –
Das Leben lieben und gute Tage sehen

Texte
für die
Seele

Christoph Markschies
Das Leben lieben und gute Tage sehen

edition ❖ chrismon

Vorwort

„Sie trauen sich noch nicht, zuzusprechen!" Mit diesen Worten gab mir vor vielen Jahren ein Marburger Professor meine erste Predigt zurück, die ich – damals Student der Theologie – über die etwas deprimierende Geschichte von der ersten Predigt des Apostels Paulus in Athen geschrieben hatte. Mit dieser kritischen Bemerkung hatte der akademische Lehrer zugleich ziemlich präzise den Sinn des Predigens beschrieben: Predigten sollen Worte für die Seele in genau dem Sinne sein, dass die alten Texte des Evangeliums konkreten Menschen mit ihren jeweiligen Fröhlichkeiten und Kümmernissen zugesprochen werden. Und zwar in einer Weise, dass diese Menschen bemerken: „Ich bin gemeint. Ich soll durch die alten Trostworte fröhlich gestimmt werden und über rechte Wege von Leben und Handeln unterrichtet werden."

Das geht nicht ohne theologische Wissenschaft – schließlich muss man wissen, was die alten Worte meinen. Aber theologische Wissenschaft ist gewiss nur ein Teil der Aufgabe. Das, was einst gesprochen wurde, muss heute zugesprochen werden. Ursprünglich wurden die hier zusammengestellten Predigten einer bunt gemischten Gemeinde aus Touristen, Neugierigen und klassischen Gemeindegliedern zugesprochen, wie sie sich im großen Berliner Dom im

Lustgarten Sonntag für Sonntag findet. Aber auch den musikinteressierten Feinschmeckern, die sich dann am Abend in der kleinen St. Matthäuskirche an der Philharmonie sammeln. Und natürlich erst recht den Zuhörern des Universitätsgottesdienstes in der alten gotischen St. Marienkirche am Fernsehturm, die wissen wollen, ob predigende Professoren zwischen Vorlesung und Gottesdienst zu differenzieren wissen und doch denkende Menschen bleiben. Weil mit den hier vorgelegten Texten ursprünglich so unterschiedliche Gemeinden angeredet waren, hofft ihr Autor, dass auch die schriftliche Fassung sehr unterschiedlichen Leserinnen und Lesern als hilfreiche Texte für Seele dienen kann. Dafür, dass dies geschehen kann, ist vielen zu danken – zuallererst denen, die mich so zu predigen gelehrt haben, wie ich predige, dem anfangs erwähnten Marburger Lehrer und seinen Kollegen, vor allem aber den

Predigern meiner alten Berlin-Dahlemer Hei-matgemeinde, allen voran Helmut Gollwitzer und Kurt Scharf. Sodann den Berliner Gemein-den und ihren Pfarrern, die dem akademischen Theologen immer wieder das praktische Tun gestatten, für das er seine Studierenden letzt-lich ausbildet. Schließlich aber auch Uwe Birn-stein, der die mündlichen Texte nicht zuletzt durch Streichungen mancher Redundanz in les-bare Texte verwandeln half, und der Programm-leiterin Elke Rutzenhöfer für ihre sanfte Beharr-lichkeit im Umgang mit ihrem Autor. Eine seit Jahren in der Schule tätige Pfarrerin möchte ich am Schluss besonders erwähnen. Sie pflegt na-hezu alle Entwürfe meiner Predigten zu lesen. Und hat auf diese Weise manches gebessert. Sie heißt Eva Markschies.

Januar 2009
Christoph Markschies

Wie soll ich dich empfangen?

Römer 15,5–13

Bei einer bestimmten Form von Advents-
predigt kann ich kaum mehr zuhören, da schwei-
fen meine Gedanken regelmäßig ab und suchen
Halt im Kirchenraum, im Gesangbuch oder wo
auch immer. Ich meine diejenigen Adventspre-
digten, in denen der Prediger mit wuchtigen
Worten über den Adventsrummel klagt, über
die Berge von Lebkuchen lamentiert, die Türme
von Nikoläusen und das ständige, unerträgliche

Weihnachtsgedudel in den Kaufhäusern und auf den Weihnachtsmärkten. Natürlich kann man darüber klagen. Aber es liegt doch an *uns*, ob wir uns an den Bergen von Lebkuchen dumm und dämlich essen oder ob wir von einem kleinen Bissen Lebkuchen im Mund den ganzen Advent schmecken, auf den Adventskranz schauen und uns von all dem ganz adventlich ums Herz zumute wird. Es liegt doch an *uns*, ob wir auf die großartigen Adventslieder hören, ob wir sie selbst singen, auf den Herrnhuter Stern schauen und von Herzen froh werden. Und es liegt doch an *uns*, ob wir hier in dieser Kirche, in den Gotteshäusern dieser Stadt, in unseren eigenen Häusern und wo auch immer so Advent feiern, dass die Menschen begreifen, was wesentlich an dieser Zeit im Jahr ist und was mal schmückendes, mal störendes Beiwerk ist.

„Wie soll *ich Dich* empfangen und wie begegne *ich Dir*" – die alte Frage des Advents richtet sich zunächst einmal an uns, nicht an die, die ihre Geschäfte und Ladenzeilen dekorieren oder das Musikprogramm von Weihnachtsmärkten aussuchen. Wie bereiten wir uns in diesen Tagen auf das Weihnachtsfest vor? Wie stellen wir uns mit ganzem Herzen auf die großen Festtage am Jahresende ein? Fast scheint es, als habe der Apostel Paulus uns höchstpersönlich eine Antwort auf unsere Frage geschrieben, wie wir uns auf die kommenden Festtage, auf das Kommen unseres Herrn vorbereiten können. Er schreibt:

Der Gott aber der Geduld und des Trostes gebe euch, dass ihr einträchtig gesinnt seid untereinander, Christus Jesus gemäß, damit ihr einmütig mit einem Munde Gott lobt, den Vater unseres Herrn Jesus Christus. Darum nehmt einander an, wie Christus euch angenommen hat zu Gottes Lob.

Denn ich sage: Christus ist ein Diener der Juden geworden um der Wahrhaftigkeit Gottes willen, um die Verheißungen zu bestätigen, die den Vätern gegeben sind; die Heiden aber sollen Gott loben um der Barmherzigkeit willen, wie geschrieben steht (Psalm 18,50): „Darum will ich dich loben unter den Heiden und deinem Namen singen." Und wiederum heißt es (5. Mose 32,43): „Freut euch, ihr Heiden, mit seinem Volk!" Und wiederum (Psalm 117,1): „Lobet den Herrn, alle Heiden, und preist ihn, alle Völker!" Und wiederum spricht Jesaja (Jesaja 11,10): „Es wird kommen der Spross aus der Wurzel Isais und wird aufstehen, um zu herrschen über die Heiden; auf den werden die Heiden hoffen." Der Gott der Hoffnung aber erfülle euch mit aller Freude und Frieden im Glauben, dass ihr immer reicher werdet an Hoffnung durch die Kraft des Heiligen Geistes. Amen.

Mir scheint, dass uns Paulus in diesem Text zwei Hinweise darauf gibt, wie wir uns auf das Kommen unseres Herrn vorbereiten können. Einen ziemlich schwierigen und einen ziemlich leichten. Ich fange besser mit dem leichten Hinweis an.

Paulus verweist uns zunächst einmal auf das Alte Testament, auf die großartigen Verheißungen, die in ihm enthalten sind. Wenn wir verstehen wollen, was Weihnachten ist und wer da kommt, dann sollen wir auf diese herrlichen Texte hören und sie im Alten Testament nachlesen. Zum Beispiel im Buch des Propheten Jesaja: „Bereitet dem Herrn den Weg; denn siehe, der Herr kommt gewaltig." Ja, eben das ist Aufgabe im Advent: dem Herrn den Weg zu bereiten, die Türen unserer Welt und die Tore unserer Herzen zu öffnen für ihn. Paulus zitiert in unserem Predigttext noch einen anderen Vers aus dem Buch des Propheten Jesaja: „Es wird kommen der Spross aus der Wurzel Isais und wird aufstehen, um zu herrschen über die Heiden; auf den werden die Heiden hoffen." Was ist nicht alles in diesem kleinen Vers enthalten! Mit dem Ausdruck „Wurzel Isais" oder „Wurzel Jesse" wird zunächst einmal auf die wunderbare Geschichte angespielt, dass der Prophet Samuel nach Bethlehem geht und sich die sieben Söhne eben jenes Isai (oder Jesse) der Reihe nach ansieht, um dann den achten, der gerade Schafe hütet, zum König von Israel zu salben. Ausgerechnet der Hirtenjunge David wird zu dem großen König des kleinen Israel und zum Stammvater einer bedeutenden Familie, der nach seinem eigenen Vater „Wurzel Isais" oder „Wurzel Jesse" genannt wird. „Der Mensch sieht, was vor Augen ist; der Herr aber sieht das Herz an": So wird im ersten

Buch Samuel kommentiert, dass Gott nicht die Starken und Schönen auswählt, um seine Sache in dieser Welt voranzubringen, nicht die, die alle für vorzeigbar und bewährt halten, sondern den Nachwuchs, die, die man versteckt und für unqualifiziert hält.

Auch Jesus von Nazareth stammte, wie es am Anfang des Matthäusevangeliums heißt, aus dieser Familie. Er war ein „Sohn Davids", einer aus dieser Sippe, die immer für eine Überraschung gut war. Auch einer, dem niemand Größeres zugetraut hätte. In Bethlehem geboren wie sein großer Vorfahr David und dessen Vater Isai/Jesse, in Nazareth aufgewachsen, uneheliches Kind, Zimmermann wie der Ehemann seiner Mutter Maria, keiner Weltsprache mächtig, nie studiert – und doch der Herr unseres Lebens, ein König wie David, der wahre König dieser Welt. Einer, der im hintersten Winkel des Römischen Reiches aufwuchs und dessen Botschaft doch von einem kleinen See im Nahen Osten über das ganze Reich ausgebreitet wurde und bis auf den heutigen Tag in aller Welt ausgebreitet wird: „Auf den werden die Heiden hoffen", heißt es bei Jesaja.

Paulus zitiert uns die alten Verheißungen aus dem Alten Testament, damit wir sie hören, damit wir sie nachlesen und verstehen, worauf und auf wen wir warten. „Dein König kommt in niedern Hüllen", „zwar ohne stolze Pracht" – aus dem Alten Testament lernen wir, dass Gott schon immer die Kleinen, die Vernachlässigten, den Nachwuchs, die Einfachen ausgewählt hat, um sein Werk zu tun und sein Wort zur Geltung zu bringen, David, den jüngsten Sohn Isais, einen Milchbart, das kleine Volk Israel mitten zwischen den Großmächten Assur und Ägypten, Viehhirten und Bauern als Propheten und eben einen Zimmermannssohn als Heiland der ganzen Welt. Wir, die Christen, sollen – so sagt

Paulus – die weihnachtliche Geschichte von der Geburt Jesu Christi vor dem Hintergrund der Geschichte Gottes mit seinem Volk Israel begreifen, wie sie im Alten Testament aufgezeichnet ist: „Freut euch, ihr Heiden, mit seinem Volk", zitiert Paulus im Predigttext einen anderen alttestamentlichen Vers, und den bekannteren: „Lobet den Herrn, alle Heiden."

Nun werden vielleicht manche einwenden, dass wir – wenn wir diesen Empfehlungen des Paulus folgen – zwar das Alte Testament nutzen, um Wort, Werk und Person Jesu Christi besser zu verstehen, aber es dann anders verwenden, als es im Judentum gelesen und verstanden wird. „Es feiert jeder Arier / Zu gleicher Zeit und überall / Die Christgeburt im Rindviehstall. / Das Volk allein, dem dies geschah, / das feiert lieber Chanukkah", heißt es in einem Gedicht aus den zwanziger Jahren des letzten Jahrhunderts. Und egal, ob nun Chanukkah gefeiert wird oder wie in vielen Berliner jüdischen Haushalten mindestens vor 1933 eine „Weihnukka" genannte Mischung beider Feste: Jesus Christus, der – wie Paulus formuliert – dem jüdischen Volk gedient hat, wird nur von uns als der Messias und Heiland dieser ganzen Welt bekannt.

Ich werde dieses Jahr die Weihnachtstage wieder in Jerusalem und Bethlehem verbringen; für meine jüdischen Kollegen an der Hebräischen Universität sind das keine besonderen Feiertage, sie haben Weihnachten nichts zu feiern. Einen solchen deutlichen Unterschied bei der Auslegung der Verheißungen der Hebräischen Bibel müssen wir bis auf den jüngsten Tag aushalten und wir sollten unsere abweichende Deutung der jüdischen Bibel als Altes Testament der christlichen Bibel nach den fürchterlichen Erfahrungen des zwanzigsten Jahrhunderts, nach den fürchterlichen Exzessen christlichen Judenhasses an dieser Stelle sehr taktvoll und durchaus bescheiden vortragen. Immerhin gilt ja: Wenn wir der Empfehlung des Paulus folgen und während der Adventszeit fleißig im Alten Testament lesen, die wunderbaren Geschichten und herrlichen Verheißungen bedenken, dann vertiefen wir uns auch in die Geschichte Gottes mit seinem Volk und lernen, das Judentum besser zu verstehen.

Paulus hat in seinem Predigttext noch einen zweiten, etwas schwierigeren Hinweis für uns. Wir sollen uns auch in unserem *Verhalten* auf das Kommen Jesu Christi einstellen. Wir sollen, so sagt er, *einträchtig* gesinnt sein untereinander und uns nicht pausenlos streiten. Wir sollen einmütig Gott loben und nicht vielstimmig, zerstritten unter den Konfessionen, geteilt in theologische Schulen und verfeindete Richtungen. „Nehmt einander an, wie Christus euch angenommen hat zu Gottes Lob." Das Griechische ist noch präziser: „Nehmt einander in der *Gemeinschaft* an, nehmt euch in die Gemeinschaft auf, so wie Christus euch in die Gemeinschaft aufgenommen hat." Paulus sagt das zu Heiden in Rom, zu Menschen in der Hauptstadt des antiken Kaiserreiches, die überwiegend vom Gott Israels noch nie irgendetwas gehört hatten. Paulus erinnert sie daran, dass Jesus Christus ganz neue Gruppen in die Gemeinschaft Gottes mit seinem Volk aufgenommen hat. Nach den Juden sind nun auch die Heiden zugelassen, eingeladen und aufgenommen. Und er fordert die zerstrittene römische Gemeinde auf, dass sie sich untereinander annimmt, alle in die Gemeinde aufnimmt und niemanden ausgrenzt, weil auch Christus alle eingeladen, alle zugelassen, alle aufgenommen hat.

Für uns bedeutet dies, dass wir uns im Advent nicht nur gedanklich auf das Kommen Jesu Christi vorbereiten, sondern auch an dessen Folgen für unser alltägliches Leben denken sollen.

Dass wir fragen sollen, ob wir nicht Menschen, die uns fremd sind und die wir ablehnen, doch freundlicher ansehen können. Dass wir versuchen sollten, mehr Frieden zu halten und mehr Nachsicht zu üben in unseren Familien, am Arbeitsplatz, in der Nachbarschaft. Das bedeutet, dass wir überlegen, ob wir in unsere Kirchen nicht doch mehr Menschen einladen können, als wir das bisher tun. Und uns gegenseitig annehmen. Um dafür nur ein konkretes Beispiel zu nennen: Es gibt einen neuen aufsässigen Konfessionalismus in unseren Kirchen, der den anderen christlichen Konfessionen und anderen theologischen Richtungen die evangelische Wahrheit um die Ohren haut, dass es kracht. Ich bin gewiss nicht dafür, dass wir theologischen Unsinn schweigend ertragen oder fröhlich jubelnd faule Kompromisse schließen. Aber wer Menschen im Geiste Jesu Christi annimmt, trägt theologische Differenzen ohne Lärm und sachbezogen aus. Wer im Advent fragt, wie er Christus empfangen, wie ihm begegnen kann, dem antwortet Paulus: „Nehmt einander an, wie Christus euch angenommen hat zu Gottes Lob."

Paulus gibt uns zwei Hinweise, wie wir uns im Advent auf Weihnachten vorbereiten können: Er lädt uns ein, gründlicher im Alten Testament nachzulesen. Er ermahnt uns, einander offener anzunehmen. Solche Einladungen und Ermahnungen können natürlich auch belasten. Beispielsweise die, die es in der Hektik der kommenden Tage nicht schaffen, biblische Texte zu lesen und in Ruhe zu bedenken. Oder die, deren Versuche, für Frieden und Versöhnung zu werben, von bösen Menschen rüde abgewiesen werden. Solchen Menschen hat Paulus den Beginn unseres Textes ins Stammbuch geschrieben, den ich zum Schluss noch einmal zitieren will: „Der Gott aber der Geduld und des Trostes gebe euch, dass ihr einträchtig gesinnt seid untereinander,

Christus Jesus gemäß." Das sind doch herrliche Adventswünsche! Unser Gott ist ein Gott der Geduld und des Trostes. Natürlich auch der Geduld im Umgang mit den Bergen von Lebkuchen und Haufen von Nikoläusen, Geduld mit dem unerträglichen Gedudel in Kaufhäusern und auf Weihnachtsmärkten, aber eben auch Trost für die Einsamen, die Kranken, die Traurigen. Wir müssen nicht verzweifelt lesen oder hastig nach Einmütigkeit suchen, sondern sollen all dies in diesen Tagen geschenkt bekommen, spätestens zu Weihnachten.

Predigt zum 3. Advent am 11. Dezember 2005
im Berliner Dom

Maria

Lukas 1,26–33

Darf man in einer evangelischen Kirche über Maria predigen? Hat neben dem reformatorischen *solus Christus*, neben dem „Christus allein", die Mutter Jesu Platz? Muss man also in der evangelischen Kirche, um sich von der katholischen Marienverehrung mit ihren gelegentlich recht merkwürdigen Formen abzusetzen, Maria aus den Liedern und den Predigten streichen? Muss uns das, was in Fatima und Lourdes geschieht, jeden Zugang zur Mutter Jesu verstellen? Und umgekehrt: Ist es schon katholisch, wenn über Maria gepredigt wird? Das Magnificat legt uns ebenso wie die Verkündigungsgeschichte aus dem Lukasevangelium nahe, einmal *mit* Maria und *von ihr her* auf Christus zu blicken. Da kann unsere Aufgabe nur sein, auf diese uralte Predigt zu hören, sie auch als evangelische Christen weiterzugeben und auszulegen.

Und im sechsten Monat wurde der Engel Gabriel von Gott gesandt in eine Stadt in Galiläa, die heißt Nazareth, zu einer Jungfrau, die vertraut war einem Mann mit Namen Josef vom Hause David; und die Jungfrau hieß Maria. Und der Engel kam zu ihr hinein und sprach: „Sei gegrüßt, du Begnadete! Der Herr ist mit dir!" Sie aber erschrak über die Rede und dachte: Welch ein Gruß ist das? Und der Engel sprach zu ihr: „Fürchte dich nicht, Maria, du hast Gnade bei Gott gefunden. Siehe, du wirst schwanger werden und einen Sohn gebären, und du sollst ihm den Namen Jesus geben. Der wird groß sein und Sohn des Höchsten genannt werden; und Gott der Herr wird ihm den Thron seines Vaters David geben, und er wird König sein über das Haus Jakob in Ewigkeit, und sein Reich wird kein Ende haben."

Da sprach Maria zu dem Engel: „Wie soll das zugehen, da ich doch von keinem Mann weiß?" Der Engel antwortete und sprach zu ihr: „Der Heilige Geist wird über dich kommen, und die Kraft des Höchsten wird dich überschatten; darum wird auch das Heilige, das geboren wird, Gottes Sohn genannt werden. Und siehe, Elisabeth, deine Verwandte, ist auch schwanger mit

Maria

einem Sohn, in ihrem Alter, und ist jetzt im sechsten Monat, von der man sagt, dass sie unfruchtbar sei. Denn bei Gott ist kein Ding unmöglich." Maria aber sprach: „Siehe, ich bin des Herrn Magd; mir geschehe, wie du gesagt hast." Und der Engel schied von ihr.

Ein Engel müsste ich sein, damit uns allen diese Geschichte über Maria nicht so schrecklich merkwürdig vorkommt und uns nicht den Blick auf die Mutter wie auf ihren Sohn verstellt. Man muss ja nur ein paar Stichworte nennen, und schon wird dem frömmsten Zeitgenossen deutlich, dass uns da ein starkes Stück zugemutet wird: Ein Engel erscheint, eine Jungfrau bringt – ohne von einem Mann als Ursache zu wissen! – ein Kind zur Welt, und in einem gottverlassenen Dörfchen im Norden Israels wird der Sohn Gottes heranwachsen, in der Familie eines Bauhandwerkers und Zimmermanns. Ein Engel müsste ich sein und kein armer Theologe, damit eine solche Botschaft beim ersten Hören Dankbarkeit und Freude auslöst und nicht Verwunderung und Zweifel!

Denn gerade wenn wir heute besonders auf Maria schauen wollen, wird erst recht deutlich, wie wunderlich es hier zugeht: Eine ganz und gar einfache Frau in einem kleinen Dörfchen auf dem Lande, verlobt mit einem Bauhandwerker, hört von einem Fremden, dass sie den Sohn des Höchsten zur Welt bringen soll, den, der auf dem Thron des Königs David sitzen wird und im Unterschied zu diesem irdischen König auch gleich noch für alle Ewigkeit herrschen soll: „Und sein Reich wird kein Ende haben." Kann man so etwas in Nazareth erwarten als ledige Mutter? Sind das die Karriereperspektiven eines unehelich geborenen Handwerkerkindes? Natürlich gibt es auch Züge von Alltäglichkeit in dieser wunderlichen Geschichte. Der Engel tritt mit einem ganz normalen Gruß zur Tür herein, den man noch heute in Griechenland verwenden kann: „Chairete", „seid gegrüßt", steht an Stelle unseres „Guten Tag". Maria fragt höchst verwundert: „Wie soll das alles zugehen?" Aber ungeachtet solcher Alltäglichkeiten handelt es sich hier ganz gewiss um keine Alltagsgeschichte.

Es handelt sich bei der Szene in Nazareth, die uns der Evangelist Lukas überliefert, in Wahrheit um eine Geschichte über das Weihnachtswunder. Damit wir das Wunder von Weihnachten auch wirklich begreifen, damit wir begreifen, dass der allmächtige Gott ein schreiender kleiner Mensch in Windeln wird, führt uns die Geschichte zu seiner Mutter, einer ganz und gar einfachen Frau in einem kleinen galiläischen Dörfchen. An Maria können wir sehen, wie groß der Abstand zwischen Gott und Mensch ist, der zu Weihnachten von Gott allein aus Gnaden überbrückt wird. An Maria können wir aber auch sehen, dass es einen Engel braucht, um dieses Wunder von Weihnachten zu verstehen und mit glaubendem Herzen anzunehmen: „Siehe, ich bin des Herren Magd, mir geschehe, wie du gesagt hast." Vielleicht feiern wir ja deswegen jedes Jahr Weihnachten, damit wir irgendwann einmal verstehen, dass bei Gott kein Ding unmöglich ist. Und dass er mit Jesus Christus nicht nur den Tod besiegt, sondern auch das Leben neu definiert hat. Mehr – oder soll ich sagen: weniger? – will diese Geschichte uns nicht sagen, als eben dies: Es war eine ganz und gar einfache Frau aus einem kleinen Dörfchen, durch die Gott seinen Christus zur Welt gebracht hat; dieser Frau fiel es zeit ihres Lebens nicht gerade leicht zu begreifen, welche Rolle ihr Gott zugedacht hatte, aber es wurde ihr immer wieder geschenkt, zu verstehen, warum ihr dies alles geschah. Und Gott hat an dieser einfachen Frau so gehandelt, wie er später, am Ostermorgen, an seinem Sohn selbst handelt: Er hat die Gesetze von Tod und Leben durchbrochen und damit für alle sichtbar gemacht, wer der Herr von Tod und Leben ist und bleibt bis in Ewigkeit.

Was aber tun wir mit diesem Weihnachtswunder? Wie bereiten wir uns in den adventlichen Tagen darauf vor, es zu feiern und vielleicht doch auch etwas besser zu verstehen? Wir sind durch die Geschichten eingeladen, besonders auf Maria zu schauen und uns klarzumachen, dass alle Verheißungen des Engels an diese Frau auch für uns gelten. Sie gelten auch für uns, weil an Weihnachten der Christus auch in unseren Herzen geboren wird. „Wird Christus tausendmal zu Bethlehem geboren und nicht in dir: Du bleibst noch ewiglich verloren", sagte Angelus Silesius. Oder eben: „Das Wort will

Fleisch *uns* werden, der Sohn ist uns gesandt."
So reden keineswegs allein die neuzeitlichen
und mittelalterlichen Mystiker, auf die auch das
Marienlied „Es kommt ein Schiff geladen" ursprünglich zurückgeht, so predigt auch der Re-
formator Martin Luther. Er will sogar explizit,
dass in evangelischen Kirchen so gepredigt
wird, wenn er 1521 in Wittenberg sagt: „So werden auch wir schwanger werden vom Heiligen
Geist und empfangen Christus geistlich ... Man
muss predigen, wie Gott seine Flügel ausbreitet
und spreizt und uns zudeckt"[1] – und so, wie der
Heilige Geist Maria in seinen Schutz nimmt, mit
seinen Flügeln überschattet, gleichsam zudeckt
und in seiner Gnade birgt mit dem Weihnachts-
evangelium.

Wir sind eingeladen, uns mit Maria auf die
Geburt Jesu Christi vorzubereiten, auf die Worte
des Engels an Maria zu hören und uns darauf zu
freuen, dass in den kommenden Tagen Jesus

Christus auch in unseren Herzen geboren werden soll. Wenn Ihnen diese alte Terminologie der Mystiker allzu spanisch vorkommt, könnte ich auch sagen: In den Weihnachtstagen werden wir mit Herz und allen Sinnen spüren, dass er zu unserem Heil geboren worden ist. Es braucht, so lehrt der Blick auf Maria, kein Theologiestudium, um das zu verstehen. Sondern es braucht Gottes Wort, sei es durch den Mund eines Engels, sei es in den biblischen Schriften uns überliefert, gepredigt, gesungen, gesagt. Der Blick auf Maria lehrt: Gottes Wille kann durch nichts und niemanden aufgehalten werden: durch scheinbar biologische Notwendigkeiten ebenso wenig wie durch politische Verhältnisse. So sehr der König Herodes, so sehr religiöse Autorität, so sehr der römische Staat auch wütete – den Weg des menschgewordenen Gottes zum Heil der Menschen konnten sie alle miteinander nicht stoppen. Diese trotzige, ebenso weihnachtliche wie österliche Gewissheit, dass weder Fürstentümer noch Gewalten, dass weder Tod noch Leben uns trennen kann von der Liebe Gottes, fasst der Engel beim Evangelisten Lukas in einen ebenso knappen wie wunderbaren Satz: „Bei Gott ist kein Ding unmöglich."

Gerade diese kritische Dimension der Weihnachtsbotschaft droht uns zwischen Lebkuchen und Rauschgoldengeln in den festlichen Tagen manchmal abhanden zu kommen. Deswegen ist es gut, sich mit Maria im Advent besonders darauf zu besinnen: Wir neigen dazu, die Gesetze des Lebens und die Realitäten der Politik für unabänderlich zu halten, und schlagen sie gar noch denen, die darunter leiden, immer wieder erbarmungslos um die Ohren. „Das ist nun einmal so", bekommen wir nur allzu oft zu hören und geben es mit exakt denselben Worten weiter. Die Umstände der wunderbaren Geburt, um die es geht, dementieren, dass solche scheinbar

unabänderlichen Gesetzmäßigkeiten ewig sind.
So, wie keine irdische Herrschaft ewig bestehen
wird, so zerbricht Gott auch die scheinbar ewige Herrschaft des Todes und richtet ein neues
Leben auf.

Die Straßburger Nonnen, die das Adventslied „Es kommt ein Schiff geladen" erstmals im
späten Mittelalter sangen, dachten bei dem
Schiff, das kommt, zuallererst wohl an die bis an
den Rand gefüllten Schiffe, die den Rhein hin-
auf von Antwerpen und Köln kostbare Ladung
in die elsässische Metropole brachten. Dann
dachten sie auch an Maria, die den Christus so
in ihrem Leibe trug wie die Rheinschiffe ihre
kostbare Fracht: „Das Schiff geht still im Triebe,
es trägt ein teure Last; das Segel ist die Liebe,
der Heilig Geist der Mast." Der Heilige Geist
tröstete und stärkte die ledige Mutter, richtete
sie hoch auf wie einen Mast auf einem Schiff,
und die Liebe der Mutter zu ihrem Sohn trug die

einfache Frau aus Nazareth nicht nur bei der Geburt durch alle Schwierigkeiten und Kümmernisse ihres Lebens: „Maria, Gottes Mutter, gelobet musst du sein, du edle Königinne, der Engel heller Schein."

Die evangelischen Theologen der Barockzeit, die das spätmittelalterliche Adventslied in unsere Gesangbücher brachten, haben diesen auf Maria bezogenen Refrain jeder Strophe des alten Textes einfach gestrichen. Sie befürchteten, ein allzu intensiver Blick auf die Gottesmutter könne die Wahrnehmung der Person Jesu Christi trüben. Nach mehreren Jahrhunderten Polemik gegen katholische Marienverehrung können wir es uns heute wahrscheinlich eher leisten, in der Maria, die uns das Lukasevangelium nahebringen will, ein hilfreiches Gleichnis für jeden Christenmenschen zu sehen. Auch uns wird im Advent die wunderbare und gnadenreiche Geburt Jesu Christi verkündigt, auch zu

uns soll dieses herrliche, bis an den Rand bela-
dene Schiff göttlicher Gnade kommen. Auch wir
werden durch das Fest aufgerichtet, beflügelt
und gestärkt. Wie sollten wir da nicht von Herzen fröhlich werden!

Predigt zum 4. Advent am 10. Dezember 2004
im Berliner Dom

[1] Martin Luther, Weimarer Ausgabe 9, 625

Friede auf Erden

Jesaja 11,1-9

Den vielen verschiedenen Bildern von
Krippe und Stall, die wir zu Weihnachten vor
Augen haben, ist in aller Regel eines gemeinsam: Es sind Bilder einer heiligen Familienidylle. Auf den Bildern, die wir Weihnachten vor
Augen haben, wiegt Maria das Kind – und ver-
sohlt ihm nicht den Hintern. Joseph hält sich
dezent im Hintergrund – und streitet mit seiner
Verlobten nicht über die seltsamen Umstände

der Geburt. Ochs und Esel stehen friedlich als Staffage zur Rechten und zur Linken – und nehmen nicht durch lautes Schreien und Brüllen der Szene jede Beschaulichkeit.

In aller Regel bebildern wir uns die Weihnachtsgeschichte als Familienidyll in kleinem Kreis, als eine ebenso besinnliche wie ruhige Szene von tiefem Frieden. „Idyllium" nannte man einst die Hirtengedichte der antiken Literatur, die kleine Bilder mit Szenen aus dem alltäglichen Leben von Hirten zeichneten: „Es waren aber Hirten auf dem Felde, die hüteten des Nachts ihre Herden."

Selbstverständlich gibt es auch von dieser Regel Ausnahmen, und so schrecken wir dann und wann aus solchen idyllischen Bebilderungen der Weihnachtsgeschichte auf. Ich musste bei den Lesungen aus der Weihnachtsgeschichte, bei den Liedern, bei der Musik immer wieder einmal an das Bethlehem unserer Tage denken, in dem ich vor drei Jahren den Heiligen Abend verbrachte. Dann sah ich ein arabisches Städtchen vor Augen, das nun durch eine haushohe Mauer von Jerusalem getrennt ist und in dem sich wenig Idylle findet: Mitten zwischen Jerusalem und Bethlehem ein großer, scharf bewachter Grenzübergang, wie wir ihn aus Berlin nur zu gut kennen; vor der Geburtskirche die Absperrungen und Sicherheitskontrollen der palästinensischen Polizei. Und die wenigen Felder, die es vor den Toren der Stadt noch gibt, stets von Bulldozern bedroht, die die Olivenbäume auf den Feldern umfahren, um Straßen durchs Gelände zu ziehen oder den Acker für neue Häuser zu planieren. Und eigentlich hat ja auch die Weihnachtsgeschichte des Evangelisten Lukas gar nichts von der friedlichen Idylle, mit der wir sie gewöhnlich bebildern: Eine hochschwangere Frau wird gezwungen, sich auf eine mehrtägige beschwerliche Reise zu begeben (über hundert Kilometer liegen zwischen ihrer Heimatstadt Nazareth und Bethlehem!); in dem kleinen Ort südlich von Jerusalem gibt es keine passende Herberge, und die Gebärende muss in einem Stall zwischen Ochs und Esel unterkommen. Nach dem Bericht des Evangelisten Lukas zwingt ein Kaiser die Menschen, sich an ihren Heimatorten in Steuerlisten einzutragen, damit er leichter seine Steuern eintreiben kann, und Matthäus zufolge lässt ein König sogar alle Neugeborenen hinschlachten. Nein, eine beschauliche, gemütliche, friedliche Idylle war das wirklich nicht, was damals in Bethlehem geschah, selbst wenn wir es uns gern so vorstellen.

Sind die idyllischen Bilder zu Weihnachten also unangemessen? Sollten wir unsere Bilder vom heiligen Familienidyll schleunigst verbannen, müssen wir sie als naive Verklärung einer in Wahrheit brutalen Wirklichkeit eilig beiseiteschieben? Dürfen wir uns idyllische Bilder allenfalls am Heiligen Abend erlauben, um sie dann am nächsten Morgen durch die brutale Realität in Bethlehem, durch Bilder antiker wie moderner Grausamkeiten zu vertreiben? Vorsicht! Denn ein weiteres Idyll wird seit alters her zu Weihnachten in den Kirchen beschrieben, ein noch älteres:

Und es wird ein Reis hervorgehen aus dem Stamm Isais und ein Zweig aus seiner Wurzel Frucht bringen. Auf ihm wird ruhen der Geist des HERRN, der Geist der Weisheit und des Verstandes, der Geist des Rates und der Stärke, der Geist der Erkenntnis und der Furcht des HERRN. Und Wohlgefallen wird er haben an der Furcht des HERRN. Er wird nicht richten nach dem, was seine Augen sehen, noch Urteil sprechen nach dem, was seine Ohren hö-

ren, sondern wird mit Gerechtigkeit richten die Armen und rechtes Urteil sprechen den Elenden im Lande, und er wird mit dem Stabe seines Mundes den Gewalttätigen schlagen und mit dem Odem seiner Lippen den Gottlosen töten. Gerechtigkeit wird der Gurt seiner Lenden sein und die Treue der Gurt seiner Hüften. Da werden die Wölfe bei den Lämmern wohnen und die Panther bei den Böcken lagern. Ein kleiner Knabe wird Kälber und junge Löwen und Mastvieh miteinander treiben. Kühe und Bären werden zusammen weiden, dass ihre Jungen beieinander liegen, und Löwen werden Stroh fressen wie die Rinder. Und ein Säugling wird spielen am Loch der Otter, und ein entwöhntes Kind wird seine Hand stecken in die Höhle der Natter. Man wird nirgends Sünde tun noch freveln auf meinem ganzen heiligen Berge;

denn das Land wird voll Erkenntnis des HERRN sein, wie Wasser das Meer bedeckt.

Was uns der Prophet Jesaja da vor Augen malt, ist auf den ersten Blick ein Paradebeispiel für ein rechtes Idyll, ein *idyllium* im klassischen Sinne des Wortes, eine Szene auf dem Hirtenfeld, und was für eine! Wölfe wohnen bei den Lämmern und fressen sie nicht auf, Panther bei den Böcken – größere Idylle ist kaum denkbar. Um Löwen, Kühe und Bären in einer einzigen Herde zu weiden, für eine solche ganz und gar unmögliche Aufgabe braucht es auf diesem idyllischen Feld keinen erfahrenen Hirten, nein, ein kleiner, unerfahrener Knabe reicht, damit alles hier ebenso beschaulich wie friedlich miteinander lebt. Und selbst in ein Schlangenloch kann man gefahrlos seine Hand strecken, die Vipern und Nattern beißen nicht – ein wunderbares Idyll auf einem sehr besonderen Hirtenfeld und

„eine Perle der hebräischen Poesie" dazu, wie ein Ausleger des Textes schreibt.

Und doch: Auch dieses Idyll aus dem Alten Testament wird vom Propheten Jesaja vor dem Hintergrund wenig idyllischer Verhältnisse gemalt. Nur ein Kapitel vorher ist im Prophetenbuch geschildert, wie sich ein gewaltiges Heer von Norden kommend auf die Stadt Jerusalem zubewegt, nämlich die Tausende von Soldaten umfassende Militärmaschinerie des assyrischen Großreiches, die damals Jahr für Jahr in Nachbarländer einfiel, um dort zu erpressen, was zum Unterhalt eben dieser Militärmaschinerie notwendig war. Gerade keine friedliche Koexistenz von Wolf und Lamm, von Panther und Böcklein, von Kühen und Bären wird hier geschildert, vielmehr brutale Ausbeutung der kleinen Nachbarvölker, grausame Niederschlagung aller, die sich der Gewalt in den Weg stellten. Jesaja beschreibt unmittelbar vor unserem Predigttext, wie Dorf um Dorf vor den Toren Jerusalems in die Hände dieser Militärmaschinerie fällt. Aber nachdem die Streitmacht der Assyrer so Kilometer um Kilometer auf die Heilige Stadt vorgerückt ist, folgt überraschenderweise bei Jesaja kein Bericht von einem Massaker der fremden Soldaten an den Einwohnern Jerusalems – sondern eben jene Idylle, die der Predigttext beschreibt: Auf dem Höhepunkt der Not, mitten in brutalster Gewalt, in aller Verzweiflung, so will uns Jesaja nahebringen, wird Gott sein Friedensreich aufrichten, in dem Gerechtigkeit herrscht, in dem die Entrechteten endlich ihr gutes Recht bekommen und in dem die Aggressoren friedlich neben den Überfallenen leben, die Wölfe neben den Lämmern, die Panther neben den Böcken und so weiter und so fort: Das helle Licht des künftigen Friedensreiches Gottes strahlt mitten in der tiefsten Finsternis.

Und warum lesen wir aus dieser großen Vision an jedem Heiligen Abend? Warum wird darüber zu Weihnachten gepredigt? Damit wir ja nicht die Botschaft des Engels aus der Weihnachtsgeschichte des Lukas überhören: „Ehre sei Gott in der Höhe und Friede auf Erden bei den Menschen seines Wohlgefallens." „Friede auf Erden" – darum geht es dem Evangelisten Lukas und dem Propheten Jesaja, darum geht es am Weihnachtsfest. Denn im Zentrum der Weihnachtsbotschaft steht eben nicht die Idylle einer heiligen Familie, steht gar keine heilige Familienidylle. Vielmehr ist diese Idylle, ist alle Ruhe, alle Beschaulichkeit, aller Frieden an der Krippe nur ein Zeichen der großen Ruhe und des großen Friedens, die dieses Kind in unsere arge Welt bringen will, der großen Ruhe und des großen Friedens am Ende aller Zeiten, auf die schon der Prophet Jesaja hingewiesen hat.

Aber wo ist denn dieser große Friede hier, auf dieser Erde? Wo war er damals? Wo ist er heute? War er damals in Bethlehem irgendwo zu finden, inmitten aller Steuerschätzungshektik? Ja, er war damals da zu finden – jedenfalls im Herzen des Paares im Stall und im Herzen der Hirten, die diese Idylle ansahen und dankbar auf die Knie fielen. Und er ist auch heute zu finden, auch in der unfriedlichen Wirklichkeit des Nahen Ostens unserer Tage, jedenfalls ansatzweise und zeichenhaft. Er ist zu finden, wenn überraschend der israelische Ministerpräsident seinen palästinensischen Kollegen trifft, wenn im Baby-Hospital vor den Toren Bethlehems Schwestern aus aller Herren Länder sich um die Gesundheit kleiner Kinder kümmern und so deren Mütter glücklich machen. Der große Friede Gottes ist ansatzweise und zeichenhaft in so mancher Idylle zu finden, die wunderbarerweise inmitten grausamer, brutaler, verzweifelter Verhältnisse entsteht und überlebt.

Wenn wir solche kleinen Idyllen als Zeichen des großen Friedens Gottes nehmen, den unser Herr und Heiland schon jetzt, in dieser Welt ausbreiten will, dann spricht nichts dagegen, dass wir uns die Weihnachtsgeschichte idyllisch bebildern und zu Weihnachten unsere jeweiligen Idyllen pflegen. Wir nehmen sie dann als ein kleines Zeichen für das große Friedensreich Gottes, dem wir entgegenwandern – als Zeichen für das große *idyllium* Gottes, in dem keine Kinder mehr verprügelt werden, kein ängstliches Tiergeschrei die wohlverdiente Ruhe der Mütter stört, Ehepartner tatsächlich nicht mehr streiten müssen und Wolf und Lamm friedlich beieinander liegen. Die weihnachtliche Idylle unserer Herzen will, soll und wird das Angesicht dieser friedlosen Welt verwandeln.

Predigt am 2. Weihnachtstag 2006 im Berliner Dom

50

Die Wahrheit wird euch frei machen

Johannes 8,31–36

Den letzten Abend eines alten Jahres verwenden wir normalerweise dazu, Rückschau zu halten, noch einmal aus der Erinnerung zu holen, was uns in den vergangenen Monaten erfreut, aber auch, was uns beschwert und was uns Kummer gemacht hat. Das sind sehr persönliche Momente, solche, die wir vielleicht noch mit einem Partner teilen, aber vielleicht doch auch allein mit uns selbst und unserem

Gott abmachen. Ein Text aus dem Johannesevangelium lenkt den Blick zunächst weg von
den Alltäglichkeiten und Besonderheiten eines
vergangenen Jahres, von dem, was uns erfreut,
von dem, was uns beschwert hat, hin auf das,
was unabhängig vom Wechsel der Jahre unser
Leben prägt:

*Da sprach nun Jesus zu den Juden, die an
ihn glaubten: „Wenn ihr bleiben werdet
an meinem Wort, so seid ihr wahrhaftig
meine Jünger und werdet die Wahrheit erkennen, und die Wahrheit wird euch frei
machen." Da antworteten sie ihm: „Wir
sind Abrahams Kinder und sind niemals
jemandes Knecht gewesen. Wie sprichst
du dann: ,Ihr sollt frei werden?'" Jesus
antwortete ihnen und sprach: „Wahrlich,
wahrlich, ich sage euch: Wer Sünde tut,
der ist der Sünde Knecht. Der Knecht*

bleibt nicht ewig im Haus; der Sohn bleibt
ewig. Wenn euch nun der Sohn frei macht,
so seid ihr wirklich frei."

Vor mehr als zehn Jahren war ich als Professor im thüringischen Jena tätig. Wenn man dort das Hauptgebäude der Universität betritt, eine Mischung aus Neobarock und Jugendstil, dann fallen, wenn man im Vorraum vor der großen Aula sehr genau die Wand mustert, die Reste einer Inschrift auf, die einmal diesen Vorraum umzog. Die Buchstaben dieser Inschrift sind längst von der Wand abgenommen, aber ihre Umrisse sind für den und die, die genau hinsehen, noch erkennbar und damit der Satz, der dort einstens stand: „Die Wahrheit wird euch frei machen." Jener Satz aus dem Johannesevangelium, mitten im Zentrum einer staatlichen Universität. Dass man im real existierenden deutschen Sozialismus nach 1949 solche biblischen Sätze nicht gern an den Wänden einer staatlichen Erziehungsanstalt lesen wollte, versteht sich von selbst. Also entfernte man die bronzenen Buchstaben und dachte vermutlich nicht daran, dass eine so beseitigte Inschrift immer noch als Spur an der Wand bleibt. „Die Wahrheit wird euch frei machen" – diesen biblischen Satz hatten in den zwanziger Jahren des letzten Jahrhunderts kluge Wissenschaftler an die Wand vor der großen Aula anbringen lassen, um auf diese Weise der Gefallenen des Ersten Weltkriegs zu gedenken und die Toten der Universität zu ehren. Erinnerung vermittelt nicht nur schöne Gefühle. Sie kann belasten, ja, sie kann schmerzen. Etwa dann, wenn man an die Menschen denkt, die einem der Tod und vor allem der sinnlose Tod im Krieg fortgenommen hat. Es war lange in Deutschland üblich, solche sinnlosen Tode zu verklären. „Lebe droben, o Vaterland, / Und zähle nicht die Toten! Dir ist, /

Liebes! nicht Einer zu viel gefallen" – diese furchtbaren Worte Friedrich Hölderlins stehen, in Muschelkalk gemeißelt, in der sogenannten Langemarckhalle zu Füßen des Glockenturms am Olympiastadion in Berlin. Vermutlich kennen nicht viele Berliner diesen Ort, der nach 1945 lange tabuisiert war und doch in den sechziger Jahren denkmalgerecht wiederaufgebaut wurde. Während in dieser 1936 errichteten Berliner Halle der sinnlose Tod von über zweitausend unzureichend ausgebildeten deutschen Soldaten auf den Schlachtfeldern von Langemarck in der belgischen Provinz Westflandern an einem einzigen Tag, dem 10. November 1914, mit Hölderlin als Tod für das Vaterland verklärt wird, setzten die Jenaer Professoren in den zwanziger Jahren andere Akzente: Nicht die Verklärung der schrecklichen Vergangenheit, nicht die weihevolle Überhöhung von sinnlosem Leid hilft uns, den kummervollen Blick in die Vergangenheit auszuhalten – nein, nur die Wahrheit wird uns frei machen. Also im konkreten Fall die schmerzliche Wahrheit, dass hier eine ganze Generation ohne jeden militärischen Sinn von einer unqualifizierten militärischen Führung „verheizt" wurde, wie man so schrecklich zutreffend sagt, als Brennstoff dem Feuer des Krieges geopfert wurde. An einem einzigen Tag zweitausend Kriegsfreiwillige und Studenten, die einen Hügel zu erstürmen versuchten, von oben durch Maschinengewehre niedergemäht. Man muss den Jenaer Professoren dankbar dafür sein, dass sie ausgerechnet in den zwanziger Jahren, als über solche schrecklichen Ereignisse in Deutschland gern Mythen in die Welt gesetzt wurden, die schlichte Weisheit des Evangeliums an die Wand ihrer Universität schrieben: „Die Wahrheit wird euch frei machen." Und weiß im selben Augenblick, dass die totalitären Systeme des zwanzigsten Jahrhunderts einen solchen Satz nicht stehen lassen konnten. Und hofft, dass ihn eine weise Universitätsleitung irgendwann wieder anbringen lassen wird; auch in Berlin würde er sich möglicherweise ganz gut machen.

Dass nur die Wahrheit uns frei machen wird, gilt natürlich nicht nur für so schreckliche Zusammenhänge wie die patriotische Verklärung militärisch sinnloser Tode im Krieg. Sie gilt auch und gerade für unser eigenes Leben. Wir wissen doch, dass nur die Wahrheit uns von den belastenden Erinnerungen eines vergangenen Jahres frei machen wird, den Kopf der alten Schlangen bricht, des Wurms, der vielleicht an uns nagt. Die Last der Vergangenheit wird nur dann in Segen gewandelt werden, wenn wir sie im Lichte der Wahrheit anschauen, als eine Geschichte unserer je eigenen Versäumnisse, beispielsweise auch als eine Geschichte unserer je eigenen Schuld wahrnehmen können und nicht hysterisch dramatisieren oder gar verklären.

Jochen Klepper macht in einem seiner Lieder zum Altjahrsabend darauf aufmerksam, dass es allein mit der Wahrheit über eine Sache noch nicht getan ist – jedenfalls nicht für uns Christenmenschen. Die Wahrheit über die Vergangenheit aufzudecken, zu erkennen und anzuschauen ist nur der erste Schritt. Der zweite besteht darin, unter „Wahrheit" nicht nur schlicht eine bessere Information über Vergangenheit zu verstehen, beispielsweise über eine Schlacht im November 1914 in Flandern, aber auch nicht nur den ehrlichen Vorsatz, uns selbst und unser Agieren im Lichte eines nüchternen Blicks noch einmal besser zu verstehen. Nein, der Evangelist Johannes wie Jochen Klepper machen uns darauf aufmerksam, dass mindestens wir Christen wissen, dass „Wahrheit" mehr ist als eine Korrespondenz zwischen einer Aussage und einer Sache. Wahrheit, so formuliert Johannes, ist Person. Jesus Christus ist Wahrheit, ist die *Wahrheit.* Der Evangelist sagt es in unserem Text zwar etwas verklausuliert – „Wenn euch nun der Sohn frei macht, so seid ihr wirklich frei" –, aber in seinem Evangelium wird ganz deutlich, dass, wie es im Prolog heißt, „Gnade und Wahrheit" durch Jesus Christus geworden sind (Joh 1,17). Johannes lässt Jesus sagen: „Ich bin der Weg und die Wahrheit und das Leben" (Joh 14,6) und gegenüber Pilatus über seine Sendung formulieren: „Ich bin dazu geboren und in die Welt gekommen, dass ich die Wahrheit bezeugen soll." Jesus als die Wahrheit in Person ist zugleich auch der personifizierte Zeuge dieser Wahrheit.

Das bedeutet, dass wir frei werden von den Lasten des vergangenen Jahres, wenn wir es im Lichte Jesu Christi zu sehen lernen. Wie es bei Klepper heißt: „Nun von dir selbst", von Gott dem Herrn, „in Jesus Christ die Mitte fest gewiesen ist." Meint: Wenn wir das, was man uns ungerechterweise angetan hat, im Lichte Jesu Christi sehen lernen, mit seinen Augen. Und denen vergeben lernen, die uns übel mitgespielt haben. Im Idealfall: vergeben und vergessen. Aber mindestens vergeben, damit wir wieder freundlich mit ihnen umgehen können, so das denn irgend möglich ist. Wenn wir das, was wir anderen ungerechterweise angetan haben, im Lichte Jesu Christi sehen lernen, als Schuld, die uns vergeben ist, sofern wir sie als Schuld bekannt haben. Wenn wir durch kleine Gesten versuchen können, tätige Zeichen der Reue zu setzen oder jedenfalls bestimmte Haltungen und Handlungen vermeiden lernen.

Wenn die Wahrheit Person ist, dann werden wir nicht nur in einem intellektuellen Sinne vom Irrtum frei und los. Dann ist es vielmehr so: Weil diese Person Jesus Christus ist, werden wir von unserer Schuld ebenso wie von unseren Schuldigern frei, befreit zu neuem Handeln. Oder anders formuliert: Die belastenden Erinnerungen werden nicht verdrängt und verblassen nicht. Sie belasten nicht mehr, weil unter dem Kreuz Versöhnung geschehen ist und in unser Leben wie unsere Erinnerungen hineinstrahlt. Wir werden wirklich frei. Auch das steht im Text des Johannesevangeliums: „Wenn euch nun der Sohn frei macht, so seid ihr wirklich frei."

Eine kleine Bedingung für dieses große Geschenk gibt es allerdings. Um wirklich frei zu werden, müssen wir von unseren Unfreiheiten wissen, ein Bedürfnis nach Befreiung an Leib und Seele spüren. Die Gesprächspartner Jesu wollen davon nichts wissen und wollen also auch nicht befreit werden: „Da antworteten sie ihm: Wir sind Abrahams Kinder und sind niemals jemandes Knecht gewesen. Wie sprichst du dann: Ihr sollt frei werden?" Wir wissen alle, dass es selbstverständlich auch eine neuzeitliche und eine spätneuzeitliche Variante dieses Einwandes gibt, und haben ihn vermutlich auch selbst immer wieder formuliert – ob wir nun neuzeitlich das Individuum für frei erklärt haben oder spätneuzeitlich der Gesellschaft die Aufgabe zugewiesen haben, das unfreie Individuum zu befreien. Am Beginn des 21. Jahrhunderts sehen wir auf viele Befreiungsbewegungen zurück, die Menschen frei machen wollten und in neuen, schlimmen Knechtschaften für breite Massen endeten – da können wir Deutschen ein besonders garstiges Liedlein singen. Aufgabe der ganzen Christenheit auf Erden ist es und bleibt es, inmitten solcher Trümmer gescheiterter Befreiungsbewegungen und immer neuer Versuche zum Scheitern verurteilter Befreiungen diese beiden Sätze zu wiederholen und zu leben: „Die Wahrheit wird euch frei machen."

Und: „Wenn euch nun der Sohn frei macht, so seid ihr wirklich frei."

Ich bin felsenfest davon überzeugt, dass wir mit diesen beiden Sätzen auf den Lippen die Last der vergangenen Jahre in Segen verwandeln könne[...] wird uns bleiben, heute und [...] ei machen. Wirklich f[...]

Predigt am Silv[...]
in St. Matthäus[...]

.ker + + +

[...]ften von Feuerwehr, Rettungs-
[...]Waldbränden um Fichtenwalde,
[...]d Brandenburg gedankt, die durch
[...]eres zu verhindern +++ Der Euro-
[...] jüdischer Texte an der Martin-
[...]phie der Frankfurter Johann-
[...] Euro + + +

Angst und Glauben:
Die Stillung des Sturms

Markus 4,35–41

„Stürme des Lebens" und „heftige Wellen",
die auf einen Menschen hereinbrechen können:
Wir alle verstehen solche Metaphern, auch wenn
wir nie zur See fuhren oder große Schiffsreisen
hinter uns brachten. Die meisten Menschen
wissen nur zu gut, was die Wirbelstürme ihres
eigenen Lebens sind. Vor diesem Hintergrund
möchte ich die Geschichte von der Stillung eines
Sturms auf dem See Genezareth auslegen.

Auch diejenigen unter uns, die noch nie in Israel waren, auch diejenigen, die noch nie den scheinbar so idyllischen See Genezareth im Norden des Landes gesehen haben, verstehen das, was uns der Evangelist Markus erzählt, ganz unmittelbar. Die Geschichte spielt am Abend eines langen Tages: Irgendwo ganz am äußersten Rand des Römischen Reiches macht sich eine größere Gruppe von Menschen auf, um von einem Ufer des Sees Genezareth an das andere zu fahren, mit einfachen Fischerbooten, wie es sie dort heute noch gibt. Ganz offenbar geht es nicht darum, irgendwelche von den äußerst wohlschmeckenden Fischen dieses Sees einzufangen, sondern schlicht darum, nach Hause zu kommen, nach Bethsaida oder Kapernaum, kleinen Dörfchen, in deren Häusern der Wanderprediger Jesus von Nazareth und die Seinen Unterschlupf fanden. Nun ist der See Genezareth – ich kann das aus eigener Erfahrung bezeugen

– ein tückisches Gewässer. Er liegt normalerweise so friedlich da, das Ufer scheint so nah; ich wäre beim Versuch, in ihm zu schwimmen, einmal fast ertrunken, weil man dieses scheinbar so idyllische, von halbhohen Bergen gesäumte Gewässer einfach unterschätzt. Zu den gefährlichen Zügen dieses kleinen Sees gehört, dass am frühen Abend gern ohne jede Vorwarnung ein ziemlich scharfer Sturm vom Osten die Hügel herab auf den See weht; *scharkije* nennen die Araber diesen plötzlich aufkommenden heftigen Sturmwind. Erfahrene Fischer am See wissen von dieser Gefahr und meiden deswegen bei bestimmten Wetterlagen den See zur Zeit des Einbruchs der Dunkelheit.

Nicht so die Gruppe, von der der Evangelist Markus in unserer Geschichte berichtet: Sie vertraut sich Jesus von Nazareth an, als er am Abend sagt: „Lasst uns hinüberfahren." Die Menschen vertrauen sich Jesus von Nazareth an, obwohl

– wie wir aus dem Evangelium wissen – ja durchaus Fischer in der Gruppe seiner Jünger waren, Simon und Andreas, die Jesus von ihren Booten weg berufen hatte, Jakobus und Johannes, die Zebedaiden, die er zu sich geholt hatte, als sie ihre Fischernetze flickten. Sind diese Fischer in der Jüngerschar Jesu mitgefahren, obwohl sie doch wissen mussten, dass abends der gefährliche Ostwind drohte? Wie dem auch immer sei, plötzlich kommt – wie es nun einmal die Eigenart des *scharkije* ist – Sturm auf, das Boot läuft voll und droht zu kentern.

Und es erhob sich ein großer Windwirbel und die Wellen schlugen in das Boot, so dass das Boot schon voll wurde. Und Jesus war hinten im Boot und schlief auf einem Kissen. Und sie weckten ihn auf und sprachen zu ihm: „Meister, fragst du nichts danach, dass wir umkommen?" Und er stand

auf und bedrohte den Wind und sprach zu
dem Meer: „Schweig und verstumme!" Und
der Wind legte sich und es entstand eine
große Stille. Und Jesus sprach zu ihnen:
„Was seid ihr so furchtsam? Habt ihr noch
keinen Glauben?"

Die Geschichte könnte von einem Drama-
tiker komponiert worden sein: Höchste Gefahr,
haushohe Wellen, Wasser im Boot – und der
Meister, der „Lehrer", wie es im Griechischen
heißt, schläft seelenruhig auf einem Kissen, als
ob ihn das alles nichts anginge. Und als er dann
geweckt wird, herrscht er den „großen Wirbelwind" an, als ob der ein kleiner kläffender Köter
wäre: „Schweig und verstumme!" Und aus dem
„großen Wirbelwind" wird eine „große Stille".
So weit handelt es sich bei dieser Geschichte um
irgendeine beliebige Wundergeschichte mit ihren typischen Elementen von großer Not, sou-

veräner Rettung und tiefgreifendem Situations-
wandel aus dem größten Elend zur größten
Freude. Ungewöhnlich für eine solche Wundergeschichte ist eigentlich nur die Frage, die der
Retter am Schluss stellt: „Was seid ihr so furchtsam? Habt ihr noch keinen Glauben?" Ungewöhnlich ist die Frage zunächst, weil sie eine
schlichte Zumutung ist. Menschen, die sich gerade in Lebensgefahr befanden, zu fragen „Was
seid ihr so furchtsam?", ist auf den ersten Blick
wenig sensibel. Ich selbst erinnere mich nur zu
gut an den Moment, als mir beim Schwimmen
in diesem See die Kräfte schwanden und ich
erkannte, dass der Rest unserer Gruppe längst
an das Ufer geschwommen und zum Essen ge-
gangen war. Natürlich war ich furchtsam, natürlich in größter Angst. Was denn auch sonst?

Die furchtsamen Jünger wecken den schla-
fenden Jesus mit einem griechischen Wort, das
Martin Luther als „Meister" übersetzt und das

man auch als „Lehrer" übersetzen könnte. Und mit eben dieser Anrede „Lehrer" haben sie mehr recht, als sie sich in der aufregenden Situation überhaupt träumen lassen. Denn Jesus will mit der scheinbar so unsensiblen Frage „Was seid ihr so furchtsam? Habt ihr noch keinen Glauben?" in Wahrheit Glauben lehren; lehren, was Glauben bedeutet und wie man das kann: glauben. Seine Frage will sagen: Glauben bedeutet, seine Angst zu verlieren, die lähmende Angst im Angesicht einer Gefahr, vor allem aber die kleinliche Angst, die unser Leben begleitet. Die Angst, vor den Vorgesetzten zu versagen, die Angst, von Freunden nicht ernst genommen zu werden, die Angst, vom geliebten Partner nicht mehr geliebt zu werden, die Angst, krank zu werden, die Angst, am Monatsende keinen Cent mehr auf dem Konto zu haben – und was wir noch für große und kleine, entsetzliche und lächerliche Ängste mit uns herumschleppen im

Alltag und in besonderen Momenten. Glauben können heißt, dass wir zueinander mindestens sagen können: „Was seid ihr so furchtsam?" und zu uns selbst: „Was bist du so furchtsam?"

Was Angst ist, wissen wir alle miteinander vermutlich sehr gut, und manche unter uns vielleicht sogar viel zu gut, um ruhig damit leben zu können. Mich fasziniert, dass in unserer Geschichte die alltäglichen und besonderen Ängste des Menschen nicht kleingeredet werden, nicht verdrängt werden – gerade das Gegenteil: Die alltägliche Angst und der besondere Schrecken werden außerordentlich einfühlsam beschrieben. Im 107. Psalm, den ich zu Beginn gesprochen habe, heißt es, dass die „Seele vor Angst verzagte" und Menschen in ihrer Furcht „taumelten und wankten wie ein Trunkener". Und in unserem Sonntagsevangelium wird uns das Wesen der Angst durch das Bild eines plötzlichen, existenzbedrohenden Seesturms sehr plastisch vor Augen geführt. Angst zu haben bedeutet, plötzlich zu wissen, dass etwas – ja sogar alles! – mit einem Schlag zu Ende sein kann. Angst schränkt den weiten Raum menschlicher Freiheit drastisch ein, lässt ein Gefühl der Enge entstehen. Angst kommt von lateinisch *angustus*, „eng". Angst reißt den Abgrund des Nichts mitten in unserem Leben auf – bei Kierkegaard und Heidegger kann man das auf vielen Seiten nachlesen: „gefangen in Deiner Angst, mit ihr lebst Du".

Was Glauben ist, müssen wir dagegen immer wieder neu lernen. Glauben bedeutet nicht, ein bestimmtes Ensemble von Sätzen über Gott und Welt für wahr halten, Glauben meint nicht, den Biologen tapfer Thesen über die Entstehung der Welt entgegenhalten und den Physikern Meinungen über das Ende aller Tage. Glauben ist nach dem Zeugnis des Neuen Testamentes Vertrauen, oder, wie es im Hebräerbrief heißt, eine feste Zuversicht, ein existenzielles Grundvertrauen, das uns die alltägliche Angst vergessen lässt und aus dem Abgrund des Nichts festen Boden macht, auf dem wir furchtlos stehen können. Glaube konstituiert, wie Luther sagt, die Person. Das meint: Am Glauben entscheidet sich, ob wir furchtsam wie die Hasen, von Ängsten geplagt durchs Leben hasten oder im festen Vertrauen ohne Furcht den Stürmen und Wellen trotzen können.

Können wir so glauben? Oder bleiben wir gefangen in unseren Ängsten? Selbst die Schar der Menschen, die vor zweitausend Jahren mit Jesus von Nazareth durch Galiläa zog, brachte – wie unser Evangelium ja deutlich zeigt – solchen angstfreien, von aller Angst befreienden Glauben in entscheidenden Situationen nicht auf. Ängstlich, ja panisch rennt die Truppe in den hinteren Teil des Bootes und fürchtet um ihr Leben. Diesen scheinbar peinlichen Zug finde ich überaus tröstlich. Natürlich habe ich vor Jahren auf dem See Genezareth gefürchtet zu ertrinken, natürlich habe ich auch noch heute an vielen Tagen der Woche meine Ängste und Befürchtungen, mal kleine und lächerliche, mal große und beschwerliche. Glauben und Unglauben gehen – wir wissen das alle – zusammen und nur wenigen Menschen ist es geschenkt, dass sie so heiter, so fest glauben, dass sie von der Angst gar nichts oder jedenfalls fast nichts mehr wissen. Der Jesus unserer Geschichte rettet die ängstlichen Menschen aus ihrer Angst, er hilft der verzagten Schar seiner Anhänger. Nicht dadurch, dass er ihnen alle Angst erspart, aber dadurch, dass er keinen und keine in ihrer Angst umkommen lässt.

Auch uns wird jene Frage aus dem Markusevangelium gestellt: „Was seid ihr so furchtsam? Habt ihr noch keinen Glauben?" Aber wir wissen, dass Jesus von Nazareth uns nicht nur fragt, sondern mindestens noch einen Satz dazu sagt. Und dieser Satz lautet: Ich will euch solchen Glauben, der euch von euren Ängsten freimacht, schenken. Heute, morgen und an allen Tagen eures Lebens.

Predigt am 4. Sonntag nach Epiphanias,
27. Januar 2006, im Berliner Dom

Kampf dem Chaosdrachen!

Jesaja 51,9–16

Mich befällt in jedem Jahr beim Abschmü-
cken des Weihnachtsbaumes und beim Ausein-
andernehmen des Herrnhuter Sterns eine mehr
oder weniger tiefe Melancholie. Der große Trost,
die helle Freude, das wunderbare Licht der adventlichen und weihnachtlichen Tage sind vor-
bei. Und da stehen wir nun, je nach Tempe-
rament und Situation unseres Lebens leicht
melancholisch, etwas besorgt oder schon wieder

ziemlich bekümmert. Denn wenn das helle Licht der weihnachtlichen Tage weicht und nur noch aus der Ferne scheint, sehen wir umso deutlicher, wie finster es eigentlich ist.

Ein ganz wunderbar kräftigender und tröstlicher Text aus dem Buch des Propheten Jesaja kann helfen.

Wach auf, wach auf, zieh Macht an, du Arm des HERRN! Wach auf, wie vor alters zu Anbeginn der Welt! Warst du es nicht, der Rahab zerhauen und den Drachen durchbohrt hat? Warst du es nicht, der das Meer austrocknete, die Wasser der großen Tiefe, der den Grund des Meeres zum Wege machte, dass die Erlösten hindurchgingen? So werden die Erlösten des HERRN heimkehren und nach Zion kommen mit Jauchzen, und ewige Freude wird auf ihrem Haupte sein. Wonne und Freude

werden sie ergreifen, aber Trauern und
Seufzen wird von ihnen fliehen. Ich, ich
bin euer Tröster! Wer bist du denn, dass
du dich vor Menschen gefürchtet hast, die
doch sterben, und vor Menschenkindern,
die wie Gras vergehen, und hast des
HERRN vergessen, der dich gemacht hat,
der den Himmel ausgebreitet und die Erde
gegründet hat, und hast dich ständig ge-
fürchtet den ganzen Tag vor dem Grimm
des Bedrängers, als er sich vornahm, dich
zu verderben? Wo ist nun der Grimm des
Bedrängers? Der Gefangene wird eilends
losgegeben, dass er nicht sterbe und be-
graben werde und dass er keinen Mangel
an Brot habe. Denn ich bin der HERR, dein
Gott, der das Meer erregt, dass seine Wel-
len wüten – sein Name heißt HERR Zeba-
oth – ; ich habe mein Wort in deinen Mund
gelegt und habe dich unter dem Schatten

78

meiner Hände geborgen, auf dass ich den Himmel von neuem ausbreite und die Erde gründe und zu Zion spreche: Du bist mein Volk.

Gelegentlich muss man sich solche kräftigen Sätze aus der Bibel sagen lassen und vorsprechen – vor allem dann, wenn man leicht melancholisch, etwas bekümmert oder sogar sehr verängstigt zu werden droht oder es schon längst geworden ist. In allen solchen Momenten empfinden wir uns ja wie gelähmt, wissen oft gar nicht mehr, was wir tun sollen und können. Wir starren wie das sprichwörtliche Kaninchen auf die Schlange: Was vor uns liegt, wird riesengroß, die Hindernisse auf unserem Weg unüberwindlich hoch und die Menschen, die sich uns in den Weg stellen, wie Felsblöcke, an denen kein Weg vorbeiführt. Und wenn alles, was uns Sorgen macht und ängstigt, so riesengroß wird, dann werden wir noch bekümmerter, noch besorgter, noch verängstigter.

Mir scheint, für solche trüben Momente, für solche finsteren Augenblicke hat der Prophet uns diesen Trosttext geschrieben. Wenn unsere Sorgen riesengroß werden und die Hindernisse unüberwindlich – dann sollen wir uns sagen lassen, dass Gott diese Welt geschaffen, den Himmel ausgebreitet und die Erde gegründet hat. Dann sollen wir uns daran erinnern, dass Gott das uranfängliche Chaos beseitigt und das Weltall geordnet hat. Wenn es uns so erscheint, als ob die Erde nur wüst und leer ist für uns, dann sollen wir uns daran erinnern, dass Gott am Anfang aller Dinge solches Tohuwabohu beseitigt hat, den Chaosdrachen Rahab zerhauen hat, wie es im Predigttext heißt und an seiner Stelle die Ordnung von Tag und Nacht, Sommer und Winter, Frost und Hitze begründet hat.

„Ich habe mein Wort in deinen Mund gelegt und habe dich unter dem Schatten meiner Hände geborgen", heißt es in unserem Text. Das ist auch meine eigene Erfahrung mit solchen biblischen Texten: Sie sind mir in den Mund gelegt, damit ich sie anderen Menschen zusprechen und sie so trösten kann; sie werden mir gesagt, damit auch ich selbst durch sie wieder fröhlich werde. Denn was ist der Chaosdrache, der sich in meinem Leben immer wieder einmal zu erheben droht, gegen das Chaos am Anfang dieser Welt, gegen die chaotische Ursuppe aus Finsternis und Materie? Wenn sich in meinem eigenen Leben der Chaosdrache einmal zu erheben droht – und er erhebt sich an der Universität immer wieder einmal –, dann denke ich daran, dass es sich dabei in Wahrheit eher um einen unbedeutenden Nachkommen des uranfänglichen Chaosdrachens handelt, eine bloße Mutante, die nicht einmal mehr richtig Feuer speien kann, denn den großen Chaosdrachen hat Gott am Anfang aller Zeit zerhauen und in Stücke geschlagen. Natürlich ist solche Rede von einem Chaosdrachen Mythologie aus babylonischen Schöpfungserzählungen. Natürlich weiß ich das noch aus dem Studium und Sie ahnen das, ohne je das Gilgamesch-Epos und andere altorientalische Schöpfungsmythen gelesen zu haben. Aber tröstlich ist die Vorstellung, dass die Chaosdrachen unseres Lebens arme kleine Mutanten des großen alten zerhauenen Chaosdrachens Rahab sind, die nicht einmal richtig Feuer speien können, ganz gewiss, so tröstlich, dass wir sie uns immer wieder sagen lassen sollten und auch andere damit trösten können.

Wenn wir leicht melancholisch werden, etwas bekümmert oder sogar sehr verängstigt, dann werden nicht nur alle Hindernisse riesengroß. Oft finden wir keinen Ausweg mehr, scheinen alle Wege in die Zukunft verbaut, blicken wir melancholisch und bekümmert in die Vergangenheit, als es noch breite Wege ins Licht gab, die wir gehen konnten. Auch für dieses Gefühl der Enge und Verschlossenheit weiß der Prophet in unserem Predigttext Trost: „Warst du es nicht, der das Meer austrocknete, die Wasser der großen Tiefe, der den Grund des Meeres zum Wege machte, dass die Erlösten hindurchgingen?" Jesaja erinnert uns an die fürchterliche Situation am Schilfmeer, als Pharao den Israeliten nachjagte „mit Rossen, Wagen und ihren Männern", wie es im zweiten Buch Mose heißt, mit der ganzen fürchterlichen Streitmacht Ägyptens, und erinnert uns an das Wunder, dass die Israeliten trockenen Fußes durchs Meer gekommen sind und das Heer des Pharao mit Mann und Maus darin versank. Auch dies mag Mythologie sein, aber wie herrlich tröstlich ist es! Denn was auch immer in unserem eigenen

Leben geschieht: Ein ganzes Heer verfolgt uns in aller Regel nicht und ganz gewiss rasen Pharaos fürchterliche Streitwagen hinter uns nicht her. Was uns verfolgt, ist im Vergleich zu der gigantischen Militärmaschinerie einer Großmacht des Altertums doch meist nur eine äußerst kümmerliche Truppe, ein kleiner Haufen. Und vor einem unüberwindlichen, tiefen, wilden Meer stehen wir meist ja auch nicht, sondern vor einem kleinen Tümpel, der uns nur groß und tief scheint.

Unser Text enthält aber nicht nur solche wunderbar tröstlichen kräftigen Bilder für unsere melancholischen Stimmungen und für unsere Horrorbilder der Angst und Sorge. Nein, er mutet uns mitten in allem Trost auch noch eine knappe, aber sehr tiefe Frage zu. Die lautet: „Hast du des Herrn vergessen, der dich gemacht hat?" Wenn Gott unser wahrer Tröster ist, wenn seine Worte, die uns aus der Bibel ansprechen, uns trösten, uns helfen, uns fröhlich machen – wie können wir dann eigentlich so melancholisch, so furchtsam, so ängstlich sein? Haben wir Gott vergessen, dem wir unser Leben verdanken? Sich zu fürchten, Angst zu haben ist ein Zeichen von Gottvergessenheit, ist – um es radikal zu formulieren – praktischer Atheismus. Und wir Christenmenschen sind immer wieder einmal solche praktischen Atheisten. Und keineswegs wir allein. Im Evangelium war davon die Rede, wie sich die Jünger Jesu beim Sturm auf dem See Genezareth zu Tode fürchteten. „Was seid ihr so furchtsam? Habt ihr noch keinen Glauben?", fragt Jesus seine besorgte, verzagte, verängstigte Truppe im Boot.

Wir glauben, Herr, hilf unserem Unglauben. Oder, wie es im Jesaja-Text heißt: „Wach auf, wach auf, zieh Macht an, du Arm des Herrn." Die großen tröstlichen Worte Gottes sind uns in den Mund gelegt, wir können sie lesen und hören – und wir werden so unsere Melancholie und unseren Kummer verlieren, unsere Angst und Sorge wegwerfen können. In der Weihnachts- und Epiphaniaszeit erinnern wir uns nicht nur daran, dass Gott den Chaosdrachen zerhauen hat und seinem Volk einen Weg mitten durch das Meer eröffnete. Wir erinnern auch daran, dass er selbst in der Gestalt eines Kindes zu uns gekommen ist und uns von Herzen froh gemacht hat. Das wollen und werden wir nicht vergessen, auch wenn die abgebrannten Kerzen im Abfallkorb liegen, Kugeln und Strohsterne in der Kiste verstaut sind und der Weihnachtsbaum längst bei der Stadtreinigung ist: „Jesus ist kommen, Grund ewiger Freude", und bleibt bei uns mit seinem Wort, jeden Morgen und an jedem neuen Tag.

Predigt am 4. Sonntag nach Epiphanias,
28. Januar 2007, im Berliner Dom

Nur wer für die Juden schreit...

Amos 5,21–24

Einer meiner Alpträume: Der Pfarrer beugt sich über den Kanzelrand und fragt: „Was, liebe Gemeinde, will uns dieser Text sagen?" Und irgend jemand aus der Gemeinde ruft mit lauter Stimme: „Nichts, der Text will uns hier heute Morgen gar nichts sagen." Glücklicherweise wurde dieser Alptraum bisher nie Realität. In den vielen Jahren, in denen ich seit Berliner Kindertagen Gottesdienste besuche oder selbst Gottesdienste feiere, ist so etwas nie passiert. Nie hat eine laute Stimme den Gottesdienst unterbrochen und alles Feiern, Singen und Beten auf so schroffe Weise gestört. Der Alptraum blieb ein irrlichtiger, schnell verschwebender Tagtraum.

In unserem heutigen Predigttext wird der Alptraum allerdings Realität. Eine laute Stimme unterbricht den Gottesdienst, alles Feiern, Singen und Beten auf schroffeste Weise. Es ist nicht die Stimme irgendeines Gottesdienstbesuchers. Auch nicht der leise Alptraum eines hypernervösen Pfarrers. Gott selbst spricht. Und wie!

Gott spricht: Ich bin euren Feiertagen gram und verachte sie und mag eure Versammlungen nicht riechen. Und wenn ihr mir auch Brandopfer und Speisopfer opfert, so habe ich kein Gefallen daran und mag auch eure fetten Dankopfer nicht an-

sehen. Tu weg von mir das Geplärr deiner Lieder; denn ich mag dein Harfenspiel nicht hören! Es ströme aber das Recht wie Wasser und die Gerechtigkeit wie ein nie versiegender Bach.

Schlimmer kann es eigentlich gar nicht kommen. Was hier eine Stimme mitten im Gottesdienst einwirft, was hier alles Feiern, Singen und Beten unterbricht, ist an Schroffheit kaum mehr zu überbieten. Nicht wahr: Was man nicht riechen kann, das kann man schon rein körperlich nicht aushalten. Das meint hier: Gott, der Herr, kann schon rein körperlich den Gottesdienst seiner Gemeinde, den Gottesdienst, der ihn verherrlicht, nicht aushalten. Die schöne Musik im Tempel ist ihm bloßes Geplärr von Liedern. Das begleitende, fein ziselierte Harfenspiel erträgt er nicht, den kostbaren gottesdienstlichen Weihrauch kann er nicht riechen und die teuren Opfer mag er gar nicht ansehen. Gott kann das alles nicht riechen. Es stinkt zum Himmel, was da gefeiert wird.

Warum aber fallen so harsche Worte über einen vermutlich höchst sorgfältig vorbereiteten und mit Engagement gefeierten Gottesdienst? Im Buch des Propheten Amos können wir nachlesen, warum in Gottes Augen alles zum Himmel stinkt: Weil in der Gesellschaft derer, die da Gottesdienst feiern, die Gerechtigkeit abhanden gekommen war und alle Rede von Gerechtigkeit im Gottesdienst daher hohle Rhetorik blieb; weil im Alltag derer, die da festtags feierten, Ungerechtigkeit überhand genommen hatte und alle Schuldbekenntnisse des Gottesdienstes leeres Geplapper darstellten. Der Prophet Amos beschreibt mit sehr bitteren Worten, wie es im Alltag der Gesellschaft aussieht, die im Tempel ihre Feste feiert: Arme werden in die Schuldsklaverei gezwungen, Reiche werden auf Kosten

der Armen immer reicher; eine hohle Genuss-
sucht dominiert die öffentlichen Feiern, Männer
suchen das pure Vergnügen auf Kosten ihrer
Ehefrauen und junge Mädchen werden ohne
Rücksicht auf ihr Alter verführt. Amos porträ-
tiert eine Gesellschaft, die aus den Fugen geraten ist, ein heiliges Gottesvolk, das lebt wie in
Sodom und Gomorra, eine ihrer selbst unend-
lich sichere Gesellschaft, die in Wahrheit doch
alle Maßstäbe und Normen verloren hat und außer Kurs geraten durch die Gegend feiert und
taumelt.

Wenn wir uns nur einmal kurz möglichst
plastisch eine solche taumelnde Gesellschaft
vorstellen, eine Gesellschaft, die auf der einen
Seite alle Maßstäbe und Normen verloren hat
und außer Kurs geraten durch die Gegend taumelt und auf der anderen Seite ihre Gottesdienste nach stets demselben hohlen Ritual feiert, als
ob nichts geschehen sei – dann verstehen wir,

warum der Prophet Amos so zornig formuliert und warum Gott diese hohlen, leeren und im Alltag dementierten Gottesdienste im wahrsten Sinne des Wortes nicht riechen kann. Wir müssen dafür übrigens gar nicht mehrere Tausend Jahre zurückgehen. Es reicht ein Blick in unsere eigene jüngere Geschichte. Von Dietrich Bonhoeffer stammt der schroffe Satz: „Nur wer für die Juden schreit, darf auch gregorianisch singen." Damit kommentierte Bonhoeffer die Bemühungen von klugen Theologen in den ersten Jahrzehnten des letzten Jahrhunderts, den musikalisch und liturgisch arg verarmten evangelischen Gottesdienst wieder etwas feierlicher zu machen, einmal einen Psalm zu singen wie einst im Tempel von Jerusalem, einmal den schwarz gewandeten evangelischen Pfarrer bunt einzukleiden. Bonhoeffer verurteilte das alles gar nicht; warum sollten wir auch nicht den Herrn unseres Lebens in schönen Gottesdiensten feiern, mit herrlicher Musik des Staats- und Domchores, mit Farbe und Form? Aber alles solches schönes Feiern ist hohl, alles Singen ist leeres Geplärr, wenn derweil die Gesellschaft alle Maßstäbe und Normen verloren hat, wenn sie außer Kurs geraten durch die Gegend taumelt – und all dies im Gottesdienst mit keinem einzigen Wort erwähnt wird. Bonhoeffer meint mit seinem viel zitierten Diktum: Alles schöne Feiern ist hohl, alles Singen ist leeres Geplärr, wenn die gottesdienstliche Gemeinde still toleriert, dass die Schaufenster von Geschäften jüdischer Mitbürger eingeworfen werden. Wenn sie stumm hinnimmt, dass ein Berliner Stadtviertel nach dem anderen „judenrein" gemacht wird und die Nachbarn in langen Kolonnen zum Bahnhof Berlin-Grunewald marschieren. Wenn da wochentags ein Christ nicht laut schreit, sagt Bonhoeffer, dann darf er sonntags auch nicht gregorianisch singen und sich um die Liturgie eines erneuerten evangelischen Gottesdienstes kümmern.

Am 24. Mai 1944 wurde die Hauptkuppel des Berliner Doms von Brandbomben getroffen. Am Tag danach stürzte die brennende Kuppellaterne durch die Predigtkirche, zerschlug ihren Fußboden und blieb in der Domgruft zwischen den Hohenzollernsärgen liegen. Am Sonntag darauf trat der fassungslose Domprediger in einer eilig eingerichteten Gruftkirche vor die Gemeinde. In seiner Predigt fragte er, wie Gott die Zerstörung seines Gotteshauses habe zulassen können, wieso er den Ort seiner Anbetung habe in Schutt und Asche fallen lassen. Man merkt noch heute, wie schwer Bruno Doehring – so hieß der damalige, politisch reichlich konservative, kaisertreue Domprediger – die Antwort auf seine radikale Frage fiel. Möglicherweise, so der Domprediger, habe Gott sich von seinem Volk abgewandt, sei aus seiner Kirche ausgezogen.

Bruno Doehring spricht in der Predigt nicht von Judenverfolgung oder Massenmord und auch nicht von der Entrechtung der politischen Gegner durch die Nationalsozialisten; vermutlich wäre er sofort verhaftet worden, wenn er dies öffentlich getan hätte. Aber aus seiner Predigt am Sonntag nach der Zerstörung des Berliner Doms 1944 wird deutlich, dass er genau daran gedacht hat und wie der Prophet Amos rund 2500 Jahre zuvor ahnte, dass Gott die Gottesdienste seiner Gemeinde nicht mehr riechen kann, wenn die Gemeinde in einem Unrechtsstaat so lebt, als sei nichts geschehen.

Und wie geht es uns heute Morgen mit diesen prophetischen Zwischenrufen, die die feierlichen Gottesdienste stören, mit diesen schroffen Sätzen, die alles Feiern, Singen und Beten unterbrechen? Mit dem Zwischenruf des Propheten Amos, mit Bonhoeffers kritischem Satz und mit der fassungslosen Frage eines früheren

Dompredigers? Vielleicht tut es uns Christen gut, wenn wir auch einmal vor die Kirchentür schauen und fragen, wo unsere eigene Gesellschaft Maßstäbe und Normen verloren hat, wo sie außer Kurs geraten ist und nur noch durch die Gegend taumelt. Natürlich soll unser Gottesdienst nicht zu einem politischen Seminar werden, natürlich wollen wir von den Kanzeln keine Parteiprogramme für die Gestaltung der Gesellschaft hören. Aber dass wir uns als christliche Gemeinde fragen, wie es um die soziale Gerechtigkeit in dieser Gesellschaft steht, beispielsweise im Renten- und Gesundheitssystem, das ist nicht verboten, nein, das ist uns ausdrücklich geboten und aufgegeben, damit unsere Gottesdienste nicht zu hohlem Geplapper und geplärrter Musik verkommen. Ein konkretes Beispiel: Dreizehn Studenten der Humboldt-Universität haben im vergangenen Jahr einen Monat freiwillig vom Arbeitslosengeld II gelebt und ihre Ausgaben auf 345 Euro plus Warmmiete beschränkt. Das ist der in Berlin geltende Satz für Hartz-IV-Empfänger, und er zwingt Menschen beispielsweise dazu, auf den morgendlichen Kaffee oder ein Schnitzel mit Freunden im Restaurant zu verzichten. Bonhoeffer, etwas abgewandelt: Nur wenn wir beispielsweise für die vielen neuen Armen in dieser Gesellschaft schreien, nur wenn wir uns mit unseren bescheidenen Möglichkeiten für solche Menschen einsetzen, dann dürfen wir uns auch ohne Zögern vom Chor den herrlichen Palestrina singen lassen und uns von Herzen daran freuen.

Wer sich dagegen Sonntag für Sonntag den Trost des Evangeliums zusagen lässt und in der Woche doch so lebt, als gäbe es Gott und seine Gerechtigkeit nicht, der spottet Gott und macht aus seinem christlichen Bekenntnis eine reine Heuchelei. Der oder die werden dann hoffentlich durch den Protest Gottes bei Amos, durch den schroffen Satz Dietrich Bonhoeffers oder durch bange Fragen von Dompredigern wachgerüttelt. Wir anderen nehmen es zum Anlass, wieder einmal sehr ernsthaft danach zu fragen, ob wir ein Leben führen, das Gott gefällt, und unsere Gottesdienste von daher aufrichtig und ungeheuchelt sind. Bei solchem Fragen hilft uns sein Wort, sein Evangelium unterstützt uns, kräftigt uns und tröstet uns, wenn wir nicht mit allem zufrieden sein können, was wir getan und unterlassen haben. Ja, wir werden in der Passionszeit wieder mit Jesus von Nazareth nach Jerusalem hinaufgehen. Aber wir werden auf dem Wege sein mahnendes, sein tröstliches Wort hören und es wird den Weg unseres Lebens gnädig begleiten.

Predigt am Sonntag Estomihi, 26. Februar 2006,
im Berliner Dom

Prioritäten setzen

Lukas 9,57–62

Es gibt in der Bibel Texte, die uns unmittelbar einleuchten, Abschnitte, die uns unmittelbar ansprechen, Passagen, die uns tiefen Trost vermitteln. Es gibt aber eben auch Texte, die uns unmittelbar zum Widerspruch herausfordern, die unseren Einspruch provozieren. Der folgende Text gehört zur zweiten Gruppe, gehört zu den Abschnitten des Neuen Testamentes, die uns zum Widerspruch herausfordern.

Und als sie auf dem Wege waren, sprach einer zu ihm: Ich will dir folgen, wo du hingehst. Und Jesus sprach zu ihm: Die Füchse haben Gruben, und die Vögel unter dem Himmel haben Nester; aber der Menschensohn hat nichts, wo er sein Haupt hinlege. Und er sprach zu einem andern: Folge mir nach! Der sprach aber: Herr, erlaube mir, dass ich zuvor hingehe und meinen Vater begrabe. Aber Jesus sprach zu ihm: Lass die Toten ihre Toten begraben; gehe du aber hin und verkündige das Reich Gottes! Und ein anderer sprach: Herr, ich will dir nachfolgen; aber erlaube mir zuvor, dass ich Abschied nehme von denen, die in meinem Hause sind. Jesus aber sprach zu ihm: Wer seine Hand an den Pflug legt und sieht zurück, der ist nicht geschickt zum Reich Gottes.

Wir müssen ja nicht erst den vielleicht schwersten Gang unseres Lebens hinter uns gebracht haben, wir müssen doch nicht erst unseren eigenen Vater begraben haben, um zu erkennen, was uns an diesem biblischen Text besonders zum Widerspruch herausfordert: Da sind drei Menschen, die wollen ihr künftiges Leben mit Jesus von Nazareth gehen, die wollen sich ganz an ihm orientieren, die wollen ihm nachfolgen. Zwei von ihnen haben höchst ehrenwerte Motive, warum sie nicht stante pede, stehenden Fußes, mit Jesus durch Galiläa ziehen können: Einer muss erst noch den Vater begraben und ein anderer will vorher zu Hause Abschied nehmen. Was kann es ehrenwertere Motive geben als eben diese? Wäre es nicht zutiefst unbiblisch, zutiefst unchristlich, das Begräbnis des eigenen Vaters zu versäumen? Oder ohne Abschied von zu Hause in ein neues Leben davonzustürzen?

Solche Fragen muss man eigentlich gar nicht stellen, weil die Antwort vollkommen selbstverständlich ist: Seit biblischen Zeiten gehörte im Judentum das Geleit für die Toten und die Teilnahme am Begräbnis zu den für alle verpflichtenden Liebeswerken, war nicht nur im Falle des Todes der Eltern vollkommen selbstverständlich. In den kleinen galiläischen Dörfern ließ man damals alles stehen und liegen, um sich an Totenklage und Begräbnis zu beteiligen. Und der griechische Dichter Sophokles schildert in seiner Tragödie „Antigone", wie eine mutige Frau das Verbot einer Bestattung ignoriert, das ein rachsüchtiger Tyrann ausgesprochen hat, berichtet, wie Antigone den unter freiem Himmel dahinmodernden Leichnam versorgt. Kein Sterblicher, so schleudert sie dem Tyrann entgegen, habe das Recht, ungeschriebene, ewige, göttliche Gesetze wie eben die Pflicht zur Beerdigung der Angehörigen zu übertreten.[1] Dass die Lebenden ihre Toten begraben und allzumal die Kinder ihre Eltern, das gehört zur religiösen Grundsubstanz auch unserer Kultur – oder muss ich angesichts der anonymen Gräberfelder auf unseren Friedhöfen und angesichts der vielen Beerdigungen ohne jede Trauergemeinde schon sagen: Das gehörte einmal zu den ethischen Grundnormen unserer Gesellschaft? Solche Verfallserscheinungen auf unseren Friedhöfen zeigen, dass wir auf die Grundnormen unserer Gesellschaft wieder viel stärker gemeinsam achten müssen.

„Lass die Toten ihre Toten begraben": Man muss an dieser Stelle nicht viele Worte machen: Unser Predigttext verstößt in schroffester Weise gegen Gesetz, Sitte und Frömmigkeit. Jesus will provozieren. Unser Widerspruch ist gewollt; wir haben es hier nicht mit dem milden und bequemen Jesus zu tun, den man ruhig an die Wand hängen oder im Bücherregal abstellen kann. Wir haben es vielmehr mit dem radikalen Wanderprediger zu tun, der radikale Formulierungen liebt – der vom Balken in unserem Auge redet (Lukas 6,42), der uns empfiehlt, Hand oder Fuß abzuhacken (Matthäus 18,8) und Vater, Mutter, Frau, Kinder, Brüder und Schwestern zu hassen (Lukas 14,6).

Aber warum redet er so radikal? Weil eine radikale Umwälzung stattgefunden hat, weil etwas radikal Neues geschehen ist. Er redet so radikal, weil mit seinem Wirken die Gottesherrschaft angebrochen ist: „Wenn ich mit dem Finger Gottes die Dämonen austreibe, dann ist das Reich Gottes zu euch gekommen" (Lukas 11,20). Und an anderer Stelle im Lukasevangelium sagt Jesus: „Siehe, das Reich Gottes ist mitten unter euch" (17,20). Wenn aber die Gottesherrschaft gekommen ist, dann bleibt nur, alles stehen und liegen zu lassen, hinzugehen und ihren Anbruch denen zu verkündigen, die es noch gar nicht bemerkt haben. Dann gibt es keine dringenderen Aufgaben mehr als eben die Verkündigung dieser Botschaft, dann gibt es keinen Urlaub mehr, dann gelten keine alten Bindungen mehr, keine Rücksichten, kein religiöses Gesetz – dann gilt nur dieser radikale, plötzliche Ruf: „Folge mir nach": „Lass die, die das nicht hören wollen, als Tote bei ihren Toten, lass diese Toten ihre Toten begraben, du aber geh hin und verkündige das Reich Gottes." Jesus verwendet radikale Worte, um radikal neue Prioritäten einzuschärfen.

So etwa war das gemeint, vor langer, langer Zeit am See Genezareth, irgendwo am äußersten Rand des Römischen Reiches. Damals ließen tatsächlich Menschen alles stehen und liegen, folgten einem radikalen Wanderprediger und zogen ohne Besitz, ohne Familie und ohne feste Bleibe mit Jesus von Nazareth durch die Lande, verkündigten die Botschaft vom Reich Gottes.

Vor diesem Hintergrund macht unser Text Sinn, wird seine schroffe Radikalität leichter verständlich, ist uns vielleicht ein wenig eher zugänglich. Aber kommt uns das heutige Evangelium durch solche historischen Erklärungen wirklich nahe? Verwandelt es sich von einer Geschichte, die Widerspruch auslöst, in gute Nachricht, die tröstet und aufbaut?

Zunächst einmal sicher nicht, denn im Licht dieses Textes fallen uns alle Ausreden und Bequemlichkeiten ein, mit denen wir dem Ruf „Folge mir nach" ja gewöhnlich Tag für Tag ausweichen. Im Grunde reagieren wir doch nur allzu häufig wie die Jünger in unserem Predigttext. Denn auch uns ist ja gesagt: „Folge mir nach." Aber wir antworten: Ob wir nicht zuvor noch alle die vielen dringenden Geschäfte erledigen können, die auf unserer Tagesordnung stehen? Auch zu mir ist ja gesagt: „Folge mir nach." Aber ich antworte: „Ach, lass mich doch noch einmal vorher diesen Aufsatz und jenes Buch fertig schreiben."

Wenn wir die Provokation dieses Textes ernst nehmen wollen, sollten wir uns fragen: Wo auf unserer Prioritätenliste steht eigentlich Gott? Leben wir aus seiner Gnade und seiner Verheißung entsprechend oder lassen wir ihn einen guten Mann sein? Oder setzen wir überhaupt keine Prioritäten und lassen uns ohne alle Maßstäbe und ohne rechte Konzentration auf das Wesentliche durch den aufreibenden Alltag treiben? „Nicht das Beliebige, sondern das Rechte tun und wagen" – so hat Dietrich Bonhoeffer einmal den lebensnotwendigen Prozess der Konzentration und Prioritätensetzung beschrieben, der uns nicht nur auf den Weg der Nachfolge Jesu, sondern auch auf den Weg der Freiheit führt.[2]

Eine letzte Frage sollte ich wohl noch versuchen zu beantworten. Denn wir fragen uns doch sofort unwillkürlich: Können wir es schaffen, uns im Alltag so streng auf den Weg der Nachfolge zu konzentrieren, diese besondere Priorität bei allem Tun zu setzen? Auch hier hilft wieder der Blick auf unseren Text. Es sind nicht die Jünger, die verzweifelt den richtigen Weg suchen. Es ist vielmehr Jesus von Nazareth, der bei ihnen vorbeikommt und sie ruft. Nicht jeder hört den Ruf und nicht jeder bleibt bei der Sache. Aber das Lukasevangelium macht auch deutlich: Die Menschen werden gerufen und dieser Ruf ist für viele unwiderstehlich und bezwingend. Dass Jesus von Nazareth ruft, noch heute in die Nachfolge beruft, auf den Weg der Freiheit von übler Nachrede, Habgier und Herrschsucht: Das ist die gute Botschaft.

Auch wir müssen nicht verzweifelt suchen, sondern sind gerufen, werden berufen zur Mitarbeit im Reiche Gottes. Nicht jeder und jede, die wir kennen, hört den Ruf und nicht jeder bleibt bei der Sache. Aber wir wollen bei der Sache bleiben, wollen uns auf die Sache Jesu konzentrieren und ihn bitten, dass er uns bei dieser Sache hält, uns immer wieder neu auf sie konzentriert und uns in den vielfältigen Zerstreuungen bewahrt. Schauen wir also nicht ängstlich zurück auf das, was uns vom Weg der Nachfolge abgebracht hat, was uns zerstreut und unfrei gemacht hat. Schauen wir also nicht ängstlich zurück, so wie auch der, der pflügt, nicht zurücksieht, um nicht aus der Furche zu geraten. Schauen wir lieber nach vorn, schauen wir auf den Jesus von Nazareth, der uns mit bezwingender Stimme in seine Nachfolge und in seine herrliche Freiheit ruft.

Predigt am Sonntag Okuli, 23. März 2003,
im Berliner Dom

[1] Sophokles, Antigone, V. 454f.

[2] Dietrich Bonhoeffer, Stationen auf dem Wege zur Freiheit, Dietrich Bonhoeffer Werke VIII, 571

Weg mit den Schlafanzügen!

1. Korinther 15, 50–58

„Der Tod ist verschlungen vom Sieg. Tod, wo ist dein Sieg? Tod, wo ist dein Stachel?" Trotzige, tapfere, mutige Sätze über den Sieg des Lebens, über des Todes Tod. Diese mutige Gewissheit des Ostermorgens prägt unsere Ostergottesdienste, die Lieder, die Lesungen, die Gebete: „Wir wollen alle fröhlich sein in dieser österlichen Zeit" – denn „der Tod ist verschlungen vom Sieg."

Und doch: Auch in den Ostertagen haben wir unsere Fragen und viele Menschen zweifeln. Manche sind sogar so ehrlich, über ihre Zweifel in der Tageszeitung Auskunft zu geben. Auch die ersten Jünger Jesu zweifelten auf dem Weg nach Emmaus. Die Fragen des Paulus sind also keineswegs nur rhetorische Fragen, deren Antwort für jedermann offensichtlich ist: „Tod, wo ist dein Sieg? Tod, wo ist dein Stachel?" Es kann doch ein jeder und eine jede unter uns von Siegen, vom großen Triumph des Todes erzählen, beispielsweise vom Tod naher Verwandter und Freunde, vom alltäglichen Tod in den Kriegen und Katastrophen dieser Welt, von dem wir Morgen für Morgen in der Zeitung lesen müssen. Auch von der eigenen Todesangst, die uns dann und wann würgend befällt. Wenn wir an die vielfältigen Siege des Todes in dieser Welt denken, wenn wir an den Triumph des Todes in den Krankenhäusern, auf den Schlachtfeldern und den Hungerzonen dieser argen Welt denken, dann bleibt uns die trotzige Frage im Halse stecken: „Tod, wo ist dein Sieg? Tod, wo ist dein Stachel?" Am liebsten möchten wir da antworten: „Hier", „da", „dort" – „da ist der Sieg des Todes und sein Stachel sticht und schmerzt, er sticht und schmerzt uns, auch zu Ostern."

Sollen wir solche Gefühle und Einwände verdrängen? Nein! Der Apostel Paulus argumentiert ein ganzes Kapitel seines ersten Briefes an die Korinther gegen solche Bedenken. Immer wieder trägt er neue Gründe dafür zusammen, dass man trotzig, tapfer und mutig an den Sieg des Lebens über den Tod, an die Auferstehung der Toten glauben kann. Auch und gerade in einer Welt des Todes. Auch und gerade angesichts aller Siege des Todes. Auch und gerade dann, wenn die Todesmächte ihr Triumphgeheul anstimmen. Zum Beispiel so:

Das sage ich aber, liebe Schwestern und Brüder, dass Fleisch und Blut das Reich Gottes nicht ererben können; auch wird das Verwesliche nicht erben die Unverweslichkeit. Siehe, ich sage euch ein Geheimnis: Wir werden nicht alle entschlafen, wir werden aber alle verwandelt werden; und das plötzlich, in einem Augenblick, zur Zeit der letzten Posaune. Denn es wird die Posaune erschallen und die Toten werden auferstehen unverweslich, und wir werden verwandelt werden. Denn dies Verwesliche muss anziehen die Unverweslichkeit, und dies Sterbliche muss anziehen die Unsterblichkeit. Wenn aber dies Verwesliche anziehen wird die Unverweslichkeit und dies Sterbliche anziehen wird die Unsterblichkeit, dann wird erfüllt werden das Wort, das geschrieben steht bei den Propheten Jesaja und Hosea: „Der Tod ist ver-

schlungen vom Sieg. Tod, wo ist dein Sieg? Tod, wo ist dein Stachel?" Der Stachel des Todes aber ist die Sünde, die Kraft aber der Sünde ist das Gesetz. Gott aber sei Dank, der uns den Sieg gibt durch unsern Herrn Jesus Christus! Darum, meine lieben Schwestern und Brüder, seid fest, unerschütterlich und nehmt immer zu in dem Werk des Herrn, weil ihr wisst, dass eure Arbeit nicht vergeblich ist in dem Herrn.

Paulus argumentiert im ersten Korintherbrief leidenschaftlich dafür, dass wir nicht über den Tod verzweifeln, sondern an den Sieg des Lebens glauben können. Dieser Text ist der Abschluss dieser Argumentation, ein letzter theologischer Reckaufschwung nach vielen Versen kluger apostolischer Theologie. Und wie es so mit argumentativen und allzumal mit theologischen Reckaufschwüngen ist: Die Gefahr ist groß, dass wir mit offenem Mund dastehen und lediglich zusehen können, wie uns der Apostel theologisch vorturnt, aber nicht hinterherkommen. Diese Erfahrung des Zurückbleibens kennen wir, nicht nur aus dem eigenen Sportunterricht in der Schule. Denn wie sollen wir jemals nachkommen, wenn uns da einer das Geheimnis verrät, was geschehen wird mit uns und aller Welt am Ende aller Tage? Wie sollen wir jemals nachkommen, wenn da von der letzten Posaune die Rede ist, vom „Anziehen" einer „Unverweslichkeit" anstelle unseres eigenen verweslichen Fleisches und Blutes?

Der Fairness halber müssen wir sagen: Paulus beginnt seine Osterpredigt nicht mit einem theologischen Reckaufschwung, sondern verweist zunächst ganz schlicht auf die Erfahrung von vielen Mitchristen. Er erinnert die Korinther in Griechenland an die vielen Zeugen in Jerusalem und Palästina, die den Herrn gesehen haben und bekennen: „Jesus lebt, mit ihm auch ich." Vor dem theologischen Reckaufschwung des Apostels steht die Erfahrung der Auferstehungszeugen. Mit deren Bekenntnis beginnt alle österliche Predigt vom Sieg des Lebens über den Tod.

Auf den ersten Blick hilft uns das nicht viel, denn das Zeugnis dieser Menschen weht aus der Vergangenheit nur noch mit dünner Stimme herüber. Petrus, die Zwölf, fünfhundert Brüder – wir haben sie nie gesehen, hören von ihnen nur durch den Mund des Paulus, genauso wie die Christengemeinde in der griechischen Hafenstadt Korinth. Auch unser Osterglaube ist ja dadurch geweckt worden, dass andere von ihren Erfahrungen erzählt haben und uns ihr Bekenntnis weitergesagt haben: „Jesus lebt, mit ihm auch ich." Ob das nun unsere Eltern waren, der Pfarrer, der uns konfirmiert hat, Johann Sebastian Bach in seinen Osterkantaten – die trotzige, tapfere, mutige Gewissheit über den Sieg des Lebens können wir ja nicht selbst aufbringen, nein, sie wird in uns geweckt, aufgebaut, befestigt.

Und dann sollen wir selbst vom Sieg des Lebens über den Tod reden. Damit andere es auch glauben können, müssten wir dazu eigentlich von uns selbst und unseren eigenen Erfahrungen reden. Wenn wir das versuchen und nicht nur Formeln verwenden und die alten Sätze einfach wiederholen wollen, beginnen wir zu stottern. Denn wir reden über etwas, was noch keiner von uns erlebt hat. Keiner unter uns ist gestorben und keiner kann vom Sieg des Lebens im Tod so reden wie über sein Frühstücksbrötchen und das letzte Mittagessen. Wir haben's halt am eigenen Leibe noch nicht erlebt, dass das Leben endgültig über den Tod triumphiert. Eher schon das Gegenteil. Wie also davon reden und nicht nur stottern?

Paulus behilft sich mit Metaphern und Bildern. Der Apostel formuliert, worüber er sonst nur stottern könnte, mit Worten seines Alltags. Da bläst eine „letzte Posaune" wie auf dem Schlachtfeld vor der Entscheidungsschlacht. Da ziehen wir einen neuen Leib an wie ein neues Kleid am Morgen. Natürlich war Paulus nicht so töricht anzunehmen, dass tatsächlich plötzlich irgendwann einmal über aller Welt ein ungeheurer Posaunenton erschallt und die Menschen ihren Leib wie ein altes Kleid auf den Boden werfen – gerade so, wie es auf gotischen Tafelbildern brav gemalt ist. Nein, Paulus versucht, einen schwierigen und kaum glaublichen Sachverhalt mit einem einfachen Bild aus der Alltagswelt verständlich zu machen. Der österliche Sieg des Lebens ist auch ein Sieg über unseren eigenen Tod. Zwar werden wir einmal sterben. Aber in unserem eigenen Tod werden wir in die Herrlichkeit Gottes verwandelt und werden ewig bei ihm leben, mit Leib und Seele, mit allen unseren Sinnen. Paulus erklärt diesen schwierigen theologischen Sachverhalt mit dem einfachen Bild eines morgendlichen Ankleidens: Wir, deren Fleisch und Blut hinfällig und verweslich ist, werden diese Hinfälligkeit im Tode ablegen, so wie wir morgens die Schlafanzüge ausziehen und ein frisches Gewand überstreifen.

So redet Paulus. Ich stottere, wenn ich von der Auferstehung der Toten reden soll; wir alle stottern, wenn wir von der Verwandlung unserer eigenen Hinfälligkeit in die Herrlichkeit Gottes am Ende unseres Lebens reden sollen. Ob wir uns, anstatt so furchtbar herumzustottern, in dieser österlichen Zeit einmal in die Hände des Paulus begeben? Ob wir tatsächlich dann und wann, wenn wir morgens den Schlafanzug ausziehen und ein frisches Gewand überstreifen, mit Paulus daran denken: Dermaleinst werden wir auch unseren Leib ablegen und ein neues Kleid der Herrlichkeit anziehen? Ob wir in den nächsten Tagen morgens und abends nicht einfach einmal die Probe aufs Exempel machen, wie weit dieser metaphorische Zugang des Apostels in unserem eigenen Leben trägt? Ich weiß wohl, dass ich morgens – verschlafen wie ich bin – Mühe haben werde, das Ausziehen des Schlafanzuges zu klugen Gedanken über das ewige Leben zu nutzen. Auch abends will ich – todmüde, wie ich da meist bin – nicht unbedingt noch kluge Gedanken denken. Aber ich weiß auch, dass die Bilder und Metaphern des Paulus die Gewissheit befestigen, dass auch das ewige Leben einmal zu meinem eigenen Alltag gehören wird und eben nicht nur der Tod und sein bitteres Triumphgeheul.

Holen wir also die Rede vom Sieg des Lebens in unseren Alltag. Holen wir die Rede vom Sieg des Lebens in den Alltag, in dem wir wie

Paulus in ganz alltäglichen Metaphern davon reden, indem wir uns beim morgendlichen Anziehen und beim abendlichen Ausziehen an die kommende Verwandlung unseres hinfälligen Leibes erinnern. Oder indem wir uns, wenn in der Philharmonie oder sonstwo eine Posaune ertönt, daran erinnern, dass nicht wir selbst zum letzten Marsch blasen, sondern uns zu diesem letzten Marsch geblasen wird.

Höchstwahrscheinlich gibt es Menschen unter uns, denen weder die Metapher der Posaune noch das Bild eines neuen Kleides sonderlich hilft, ihren Glauben an den Sieg des Lebens zu befestigen und gegenüber anderen auszusprechen. Aber es muss ja auch niemand mit exakt denselben Metaphern und Bildern reden, die der Apostel verwendet. Wer Schlafanzüge hasst und sich morgens nicht gern anzieht, sollte es natürlich vermeiden, sich die Auferstehung der Toten mit solchen Metaphern zu denken. Und wer den Ton der Posaune nicht ertragen kann, wird dieses Bild erst recht nicht verwenden, um über das ewige Leben zu reden. Das alles sind Metaphern, nicht mehr und nicht weniger. Wir sind frei dazu, unsere eigenen Metaphern zu erfinden und unsere eigenen Bilder zu malen. Hauptsache, wir verwenden überhaupt Metaphern und Bilder für den Sieg des Lebens über den Tod und bleiben im Angesicht des österlichen Sieges nicht stumm oder stottern nur herum! Wie sagt Paulus so schön am Ende unseres Predigttextes: „Darum, meine lieben Schwestern und Brüder, werdet fest und beständig in eurer Hoffnung." Damit meint er: Werdet fest und beständig in eurer Hoffnung auf den Sieg des Lebens auch im eigenen Tod; nutzt die alten Metaphern und Bilder der Bibel, unserer Gesangbücher, der großen Theologen – aber verwendet auch eigene, aus eurem eigenen Alltag, um ganz fröhlich, ganz trotzig, ganz tapfer den

Sieg des Lebens in einer Welt des Todes zu bekennen!

Predigt am Ostermontag, 17. April 2006,
im Berliner Dom

Vergängliches
und Unvergängliches

1. Petrus 1,3-9

Was bedeutet eigentlich die Auferstehung
Jesu Christi für uns? Was bedeutet die Tatsache,
dass Jesus Christus den Tod überwunden hat
und nicht im Grab vermodert ist, für unser eigenes Leben? Wo betrifft das Osterevangelium
unsere eigene Wirklichkeit? Antworten auf diese Frage finden sich in einem alten Lied der ersten Christengemeinden. Es ist uns im ersten
Petrusbrief überliefert:

Gelobt sei Gott, der Vater unseres Herrn Jesus Christus, der uns nach seiner großen Barmherzigkeit wiedergeboren hat zu einer lebendigen Hoffnung durch die Auferstehung Jesu Christi von den Toten, zu einem unvergänglichen und unbefleckten und unverwelklichen Erbe, das aufbewahrt wird im Himmel für euch, die ihr aus Gottes Macht durch den Glauben bewahrt werdet zur Seligkeit, die bereit ist, dass sie offenbar werde zu der letzten Zeit. Dann werdet ihr euch freuen, die ihr jetzt eine kleine Zeit, wenn es sein soll, traurig seid in mancherlei Anfechtungen, damit euer Glaube als echt und viel kostbarer befunden werde als das vergängliche Gold, das durchs Feuer geläutert wird, zu Lob, Preis und Ehre, wenn offenbart wird Jesus Christus. Ihn habt ihr nicht gesehen und habt ihn doch lieb; und nun glaubt ihr an ihn, obwohl ihr ihn nicht seht; ihr werdet euch aber freuen mit unaussprechlicher und herrlicher Freude, wenn ihr das Ziel eures Glaubens erlangt, nämlich der Seelen Seligkeit.

Wer so dichtet und singt – die Melodie ist leider verloren –, der weiß, was die Auferstehung Jesu Christi für ihn bedeutet. Er weiß, was die Tatsache, dass Jesus Christus den Tod überwunden hat und nicht im Grab liegen blieb, für sein eigenes Leben bedeutet. Und weil er das alles sehr genau weiß, lobt er seinen Gott und dankt ihm: „Gelobt sei Gott, der Vater unseres Herrn Jesus Christus."

Uns, die wir heute nach der Bedeutung der Auferstehung Jesu Christi für unser eigenes Leben fragen, hilft das alte Lied vielleicht, Antworten auf diese Frage zu formulieren. Es ist sorgfältig komponiert. Schon einem oberflächlichen Leser und Hörer des Liedes fällt auf, wie stark es durch Gegensatzpaare geprägt wird: Vergängliches steht da neben Unvergänglichem, Freude neben Trauer und Anfechtung neben festem Glauben. Spannungsreiche Gegensatzpaare, die doch auch unser eigenes Leben prägen! Es pendelt zwischen Trauer und Freude, kennt Anfechtung ebenso wie festen Glauben. Das alles erleben wir Tag für Tag, das alles ist uns gut vertraut. Aber unser Lied nennt auch Dinge, die wir in unserem Leben bislang kaum erlebt haben und wohl kaum noch erleben werden. Oder hat irgendeiner unter uns ein unvergängliches, unbeflecktes und unverwelkliches Erbe empfangen? Nein, schon der Erbschaftssteuerbescheid lehrt uns, dass irdisches Erbe vergänglich ist und schneller vergeht, als uns lieb sein kann! Und die heftige öffentliche Debatte um die Gemäldesammlung Flick, die man in Zürich nicht ausstellen wollte, weil sie mit dem Geld eines als Kriegsverbrecher verurteilten Multimillionärs aufgebaut wurde, zeigt, dass es auf Erden auch nur wenig unbeflecktes Erbe gibt. Unverwelklich ist hier nichts, wie uns jeder Blumenstrauß lehrt. Natürlich braucht es eine Weile, bis man sich zu dieser nüchtern-realistischen Haltung über die Vergänglichkeit aller irdischen Güter durchgerungen hat. Dass beispielsweise auch Gold vergeht, irgendwann zugrunde geht, das hat vor allem die Kriegsgeneration des vergangenen Jahrhunderts erfahren: „Gold gab ich für Eisen" – und weg war es. Aber gelegentlich wird auch uns deutlich, dass nicht nur die Goldvorräte der Deutschen Bundesbank, sondern alles Gold und so auch unser eigenes von der Vergänglichkeit bedroht ist.

Das Lied aus dem ersten Petrusbrief setzt ganz nüchtern bei der Erfahrung an, dass alles Leben vergänglich und alle seine Herrlichkeit und Pracht verwelklich ist. Die im Lied ausgedrückte Osterfreude ist keine naive Freude, die sich über die Brüchigkeit unseres Lebens und die kurze Dauer unserer Fröhlichkeiten hinwegtäuscht. Da wird nicht einfach schnell auf die bunten Blumen im Frühling hingewiesen, auf das neue Erwachen des Lebens in diesen Tagen, um die Auferstehung Jesu Christi verständlich zu machen. Nein, ganz im Gegenteil: „Alles Fleisch ist wie Gras und alle Herrlichkeit der Menschen wie des Grases Blume. Das Gras ist verdorret, und die Blume abgefallen." Diese äußerst nüchternen Worte aus dem Jesaja-Buch folgen im ersten Petrusbrief wenige Verse nach unserem Text. Diese nüchtern-realistische Haltung zur Vergänglichkeit allen Lebens ist zugleich der Ansatzpunkt für die besondere Art der Antwort, die uns das alte christliche Lied auf unsere Frage nach der Bedeutung von Ostern für uns selbst geben kann.

Denn eine lebendige Hoffnung auf unvergängliches, unbeflecktes und unverwelkliches Leben können wir ja nicht aus eigener Kraft aufbringen. Wir werden vielmehr immer wieder daran erinnert, dass wir unser Leben immer wieder beschädigen – das Lied formuliert noch härter: „beflecken" –, und es verwelkt eben wie des „Grases Blume". Es braucht eine starke Kraft, eine gewaltige Macht, die uns aus dieser Trostlosigkeit zu einer lebendigen Hoffnung bringt und aufmuntert. Genau diesen Prozess der Aufmunterung und Ermutigung zu einer lebendigen Hoffnung auf ein unvergängliches, unbeflecktes und unverwelkliches Leben für uns selbst beschreibt das alte Lied aus dem ersten Petrusbrief mit immer neuen Bildern und Worten. Diesen Bildern und Worten müssen wir nun ein wenig nachspüren, wenn wir mit dem alten Lied unsere eigenen Antworten finden wollen.

Gleich am Anfang des Liedes ist gesagt, an welchem Punkt unseres Lebens wir diese starke Kraft, die bei uns eine lebendige Hoffnung bewirkt, besonders intensiv erleben können: „Gelobt sei Gott, der Vater unseres Herrn Jesus Christus, der uns nach seiner großen Barmherzigkeit wiedergeboren hat zu einer lebendigen Hoffnung durch die Auferstehung Jesu Christi von den Toten." Wiedergeboren sind wir in der Taufe, wo der alte, sterbliche Mensch – wie Martin Luther im kleinen Katechismus so schön sagt – im Wasser „soll ersäufet werden und sterben... und wiederum herauskommen und auferstehen ein neuer Mensch, der in Gerechtigkeit und Reinheit vor Gott ewiglich lebe". Als das Lied gedichtet wurde, waren es hauptsächlich Erwachsene, die während ihrer Taufe vollständig in fließendes Wasser untergetaucht wurden, so dass sie das „Ersäufen" des alten Menschen unmittelbar am eigenen Leibe nachempfinden konnten. Die dabei gesprochene Taufformel „Ich taufe dich im Namen des Vaters und des Sohnes und des Heiligen Geistes" machte ihnen zusätzlich deutlich, dass sie aus dem Herrschaftsbereich des Todes in den Herrschaftsbereich des Vaters Jesu Christi gewechselt waren, dessen Namen sie nun trugen: *Christianus sum,* „ich bin ein Christ". Als das Lied gedichtet wurde, konnte man während der Taufe am eigenen Leibe das Schicksal Jesu Christi mit starken sinnlichen Eindrücken nachempfinden: den Tod am Kreuz durch das zeichenhafte Ersäufen des nackten Leibes im Wasser und die Auferstehung durch das Heraufholen aus dem Wasser und die Überkleidung mit einem neuen weißen Kleid.

Die meisten sind so nicht mehr getauft worden und werden sich – wie ich selbst – kaum an ihre eigene Taufe erinnern, allenfalls Bilder kennen, die die Taufgesellschaft nach dem feierlichen Ereignis vor der Kirche zeigen. Luther

empfiehlt im kleinen Katechismus, sich trotzdem immer wieder auf die Taufe zu besinnen
und sie im eigenen Leben möglichst täglich
nachzugestalten. Wir sollen, so schreibt er, den
„alten Adam in uns", den sterblichen Menschen,
im täglichen Bekenntnis unserer Schuld täglich
„ersäufen". Und wir sollen nach Luther die Zu-
sage der Vergebung als Zeichen unserer Auferstehung wahrnehmen, die uns in der Taufe zu-
geeignet worden ist. An unserer eigenen Taufe
können wir erkennen, was die Auferstehung Jesu Christi für uns bedeutet: Sie zeigt uns, dass
auch wir alle Gründe zu einer ebenso starken
wie tröstlichen Hoffnung auf unvergängliches,
unbeflecktes und unverwelkliches Leben haben,
zu einer „lebendigen Hoffnung" auf ein unvergängliches Leben, wie es im Lied heißt. Wer
sich richtig an seine, an ihre Taufe erinnern
lässt, spürt eine starke Kraft. Sie erhält die Hoffnung, auch wenn wir „eine kleine Zeit, wenn es

denn sein soll, traurig sind in mancherlei Anfechtungen".

Das alte Lied nennt, wenn wir genau hin-
hören, noch eine zweite Kraft, die die Hoffnung
auf unvergängliches Leben in uns wach und
kräftig hält. Diese zweite Kraft ist mit einem
sehr intimen Wort beschrieben, über das man
sich besser im kleinen Kreis austauscht als von
der Kanzel viel darüber zu reden: mit dem Wort
„Liebe". „Jesus Christus habt ihr nicht gesehen
und habt ihn doch lieb", heißt es da. Dass die
Liebe in uns eine starke Hoffnung weckt, dass
Liebe im Grunde stärker als der Tod ist, wissen
auch Menschen, die vom Christentum nie etwas
gehört haben. „Liebe ist stärker als der Tod": Bei
diesem Sprichwort mag der eine oder die andere an so betitelte Romane und Filme denken,
aber der Sache nach steht das so auch an verschiedenen Stellen in beiden Teilen der Bibel.
Und es steht der Sache nach auch hinter dem

eben zitierten Satz aus unserem Lied im ersten Petrusbrief. Unsere eigene Bindung an Jesus Christus, die hier sehr pointiert „Liebe" genannt wird, lässt uns darauf hoffen, dass diese Verbindung nicht mit unserem eigenen Tod beendet sein wird. Wir empfinden die lebendige Hoffnung, dass diese enge Gemeinschaft nicht mit dem Ende unseres eigenen Lebens endet. Und wenn wir – beispielsweise im Abendmahl – diese enge Gemeinschaft mit Jesus Christus erleben dürfen, wird unsere Hoffnung auf unvergängliches Leben immer wieder neu bestärkt. Auch dann, wenn wir Jesus Christus nie gesehen haben. Auch dann, wenn wir gelegentlich zweifeln, wie Thomas gezweifelt hat.

Wir fragten zu Beginn, was die Auferstehung Jesu Christi für uns eigentlich bedeutet. Das alte Lied aus dem ersten Petrusbrief hilft uns, wie wir jetzt sehen, nicht nur dabei, eine Antwort auf diese Frage zu finden. Es hilft uns vielmehr auch dabei, dass wir diese Antwort nicht nur zögerlich und zweifelnd nachbuchstabieren, sondern aus tiefem Herzen und als unser ureigenes Bekenntnis nachsprechen: Die Auferstehung Jesu Christi von den Toten bedeutet für uns, dass auch wir nicht im Grabe vermodern werden, sondern zu einer lebendigen Hoffnung, zu einer Hoffnung auf unvergängliches Leben, berufen sind. Dieses neue, unvergängliche Leben ist im Lied zurückhaltend, fast zart beschrieben: Unaussprechliche, herrliche Freude wird sein im Himmel. Mehr wissen wir nicht. Auch das muss man ehrlich sagen. Aber das alte Lied im ersten Petrusbrief erinnert uns daran, dass diese Hoffnung auf unvergängliches Leben bestärkt wird, wenn wir uns täglich an unsere Taufe erinnern und – beispielsweise im Abendmahl – unsere Gemeinschaft mit Jesus Christus erleben. Es übermittelt uns sozusagen aus grauer Vorzeit zwei

höchst aktuelle Kniffe, wie diese Hoffnung in
uns selbst lebendig bleiben kann.

Predigt am Sonntag Quasimodogeniti,
18. April 2004, im Berliner Dom

Vom Singen und der Mitmenschlichkeit

Kolosser 3,12–17

Gelegentlich stehen wir vollkommen verzweifelt vor unserem Kleiderschrank. „Was soll ich nur anziehen?" So fragen die einen, weil ihr Kleiderschrank so voll ist, dass sie schon gar nicht mehr wissen, wie sie auswählen sollen aus der Fülle. „Was soll ich nur anziehen?" So fragen freilich auch die anderen, bei denen kaum etwas hängt, was sie anziehen könnten. Kleidung verrät ohne Zweifel viel über Menschen. Und so verraten auch die Antworten auf die Frage „Was soll ich nur anziehen?" viel über die Menschen, die eine solche Frage stellen. Der folgende Text bietet eine Antwort auf die Frage: „Was soll ich nur anziehen?" Freilich eine recht besondere.

So zieht nun an als die Auserwählten Gottes, als die Heiligen und Geliebten, herzliches Erbarmen, Freundlichkeit, Demut und Geduld; und ertrage einer den andern und vergebt euch untereinander, wenn jemand Klage hat gegen den andern; wie der Herr euch vergeben hat, so vergebt auch ihr! Über alles zieht an die Liebe, die da ist das Band der Vollkommenheit. Und der Friede Christi, zu dem ihr auch berufen seid in einem Leibe, regiere in euren Herzen und seid dankbar. Lasst das Wort Christi reichlich unter euch wohnen: lehrt und ermahnt einander in aller Weisheit;

mit Psalmen, Lobgesängen und geistli-
chen Liedern singt Gott dankbar in euren
Herzen. Und alles, was ihr tut mit Worten
oder mit Werken, das tut alles im Namen
des Herrn Jesus und dankt Gott, dem Va-
ter, durch ihn.

Natürlich: Dieser Text nimmt die Frage „Was soll ich nur anziehen?" metaphorisch. Er rät nicht zu einer wärmeren Jacke, weil der liebliche Mai gelegentlich doch recht frisch werden kann, auch nicht zu Schlips und Anzug. Nein, er rät, „herzliches Erbarmen, Freundlichkeit, Demut und Geduld" anzuziehen und über alles, gleichsam als Gürtel, der alle Kleidung zusammenhält, „die Liebe, die da ist das Band der Vollkommenheit". Die Frage liegt nahe: Kann man alle diese höchst vorbildlichen Verhaltensweisen anziehen wie ein Hemd oder eine Hose? Mal schnell überstreifen, wenn man sie kurzzeitig abgelegt hat? „Herzliches Erbarmen, Freundlichkeit, Demut und Geduld": Wo gibt es das eigentlich zu kaufen? Tut es auch ein No-Name-Produkt oder muss ich Markenware kaufen?

Wenn wir so fragen, kommt uns der Text aus dem Kolosserbrief schnell reichlich naiv vor. „Herzliches Erbarmen, Freundlichkeit, Demut und Geduld": Wo gibt es das denn zu kaufen, wenn man es nicht hat? Wo finden wir das denn in unserer Gesellschaft? Frei nach Brecht: „Wer möchte nicht in Fried und Eintracht leben? / Doch die Verhältnisse, die sind nicht so."[1] Man muss ja nur einmal an einem Freitag über deutsche Autobahnen fahren oder während der Rushhour durch Berlin-Mitte. Herzliches Erbarmen? Pustekuchen. Ich habe Vorfahrt! Freundlichkeit? Versuchen Sie mal als älterer Mensch, die Leipziger Straße in Höhe des Spittelmarktes oder die Französische Straße beim Außenministerium zu überqueren. Demut und Geduld? Ich muss bei diesem Stichwort immer an die hochroten Köpfe der Menschen denken, die auf der Überholspur so dicht wie möglich auf den Wagen des Vordermanns auffahren und mit der Lichthupe signalisieren, dass sie auch wirklich keine Sekunde im Leben zu viel geschenkt bekommen haben. „Herzliches Erbarmen, Freundlichkeit, Demut und Geduld"? – in den alltäglichen Horror auf Deutschlands Straßen werden wir nur allzu oft verwickelt und wissen: Sonderlich verbreitet sind solche Tugenden im Straßenverkehr hierzulande nicht. Und dabei sitzen ja keineswegs nur Atheisten am Steuer. Umgekehrt stehen auch nicht alle Christen stumm und betroffen über so viel Rechthaberei, Übellaunigkeit und Ungeduld am Straßenrand.

Wenn wir uns wenigstens kurz an unsere eigene Rechthaberei, Übellaunigkeit und Ungeduld im Alltag unseres Lebens erinnern, dann bekommt die Frage, wie wir denn „herzliches

Erbarmen, Freundlichkeit, Demut und Geduld" lernen können, sehr schnell einen existenziellen Charakter. Wie können wir es in Beruf und Freizeit lernen, einander zu ertragen und einander zu vergeben? Wie können wir wieder lernen, in Ehen und Familien gnädiger und barmherziger miteinander umzugehen? Wie können wir wieder mehr Liebe zum Nächsten lernen? Denn das alles kann man ja nicht im Supermarkt kaufen und mal schnell überziehen.

Wenn wir den Text aus dem Kolosserbrief noch einmal in ganzer Länge hören könnten, würde uns schnell deutlich, dass er in Wahrheit gar nicht so naiv ist, wie man beim ersten Hören vielleicht denkt. Denn der Autor geht ja gar nicht davon aus, dass man „herzliches Erbarmen, Freundlichkeit, Demut und Geduld" mal eben kaufen und rasch überziehen kann. Weil er weiß, wie schwierig es ist, so zu leben, gibt er uns einen Ratschlag. Er weist uns auf eine Therapie hin, wie man alle diese Tugenden besser in seinem Leben realisieren kann. Der Autor des Kolosserbriefes empfiehlt uns einfach, zu singen; er geht davon aus, dass es vor allem das gemeinsame Singen ist, das Christenmenschen dabei hilft, solche kostbar gewordenen Tugenden wieder in ihrem Alltag zu leben. „Lasst das Wort Christi reichlich unter euch wohnen: lehrt und ermahnt einander in aller Weisheit; mit Psalmen, Lobgesängen und geistlichen Liedern singt Gott dankbar in euren Herzen." Natürlich kann man sich gegenseitig zu Erbarmen, Freundlichkeit, Demut und Geduld ermahnen, „in aller Weisheit", also sensibel, nicht mit dem Holzhammer, und in einer großen Freundlichkeit. Natürlich kann man auch versuchen, alle diese Tugenden zu lehren – in der Schule, im Religions- und Konfirmandenunterricht. Unser Text verweist uns heute Abend aber vor allem auf das *Singen*, auf das Singen von Psalmen,

Lobgesängen und geistlichen Liedern – also auf das Singen in unseren Gottesdiensten und in den vielen anderen gemeindlichen Veranstaltungen, in denen musiziert und gesungen wird.

Ist das nicht doch etwas naiv – nach dem alten Motto „böse Menschen haben keine Lieder" gedacht? Was soll es schon helfen, zu singen? Wir müssen über die Antwort nicht lange grübeln. Es ist natürlich nicht das Singen allein, das diese stattliche Zahl von Tugenden in uns lebendig macht und lebendig hält. Es ist zunächst einmal das Wort Gottes, das Erbarmen und Freundlichkeit, Demut und Geduld in uns weckt, Lieben und Verzeihen möglich macht. Es sind beispielsweise Geschichten über Jesus von Nazareth, der die Ehebrecherin nicht gesteinigt hat, mit den Sündern zusammen Mahl gehalten hat und seinen törichten Jüngern geduldig zugehört hat. Dieser Jesus sagt: „Lernt von mir, denn ich bin sanftmütig und von Herzen demütig; so werdet

ihr Ruhe finden für eure Seelen." Nicht so auf-
brausend zu bleiben, wie wir beispielsweise im
Straßenverkehr sind, nicht so rechthaberisch,
wie wir beispielsweise in den Universitäten sind:
Das lernt man an Jesus von Nazareth, das lernt
man durch das Wort Gottes, das uns sein Leben
immer wieder, Sonntag für Sonntag neu, gegenwärtig werden lässt. Es ist, wie gesagt, zunächst
einmal das Wort Gottes, das Erbarmen und
Freundlichkeit, das Demut und Geduld in uns
weckt, Lieben und Verzeihen möglich macht.

Das Singen in der Kirche ist ein besonders
gutes Mittel, so zu leben, wie wir als Christenmenschen leben wollen und leben sollen. Wir
haben das ja alle schon häufig erlebt, ganz gleich-
gültig, ob wir gern und gut singen oder eher nur
brummen und gar keinen richtigen Ton heraus-
bringen: Durch das gemeinsame Singen wird
Angst vertrieben und wir werden wieder fröhlich. Wer vermuffelt und unfreundlich ist, kann

nur schlecht oder gar nicht singen; Singen macht freundlich. Auch die, die nur zuhören. Durch das gemeinsame Singen lernen wir auch leichter, miteinander auszukommen: Im Idealfall hören wir, während wir singen, aufeinander, achten auf das gemeinsame Tempo und die Tonhöhe des Nachbarn. Vergessen wir das und singen nur für uns allein nach unserem eigenen Gusto, klingt es so scheußlich, dass wir eigentlich sofort aufhören müssten. Dann zieht in der Regel der Organist bei der nächsten Strophe mindestens ein Register mehr und es klingt doch nicht wesentlich besser. Wenn es aber einmal nicht so gut klingt, lernen wir durch das gottesdienstliche Singen auch leichter, einander zu ertragen. Singen verbindet Menschen in einer Gemeinde, verbindet sie *zu* einer Gemeinde. Singen hilft auf diese Weise dabei, Freundlichkeit und Erbarmen, Demut und Geduld zu leben und ganz tief im Herzen zu befestigen.

Wenn diese kostbaren Tugenden christlichen Lebens und das gemeinsame Singen tatsächlich so eng zusammenhängen, wie der Autor des Kolosserbriefes meint, dann besteht ja vielleicht auch ein Zusammenhang zwischen der zunehmenden Rücksichtslosigkeit in unserer Gesellschaft und der abnehmenden Freude am Singen. Wenn in unseren Schulen kaum mehr ein Kind singen lernt, wenn die Musik nur noch aus dem Fernsehen oder dem Radio kommt – vielleicht ist dann auch nicht sehr verwunderlich, wenn sich Rechthaberei, Missmut, Hochmut, Gewalttätigkeit und Ungeduld immer weiter und weiter ausbreiten wie eine Seuche. Im Straßenverkehr in dieser Stadt, auf Landstraßen und Autobahnen, in Betrieben und Bildungseinrichtungen, im politischen und wirtschaftlichen Leben.

Aber das muss ja nicht so bleiben. Da wir nicht nur wissen, was wir anziehen sollen –

„herzliches Erbarmen, Freundlichkeit, Demut und Geduld" und über alles „die Liebe, die da ist das Band der Vollkommenheit" – da wir also nicht nur wissen, *was* wir anziehen sollen, sondern auch *wie* wir es anziehen sollen, können wir ja etwas dagegen unternehmen, dass es hierzulande immer rücksichtsloser zugeht. Wir brauchen dazu gar keine großen Kampagnen, machtvollen Demonstrationen oder kostspieligen Reformprogramme: Wir können zum Beispiel einfach gemeinsam singen. Und werden erleben, dass auf solchem Tun Gottes Segen ruht und wir auf diese Weise den Frieden Christi in unfriedlichen Zeiten ausbreiten helfen.

Predigt am Sonntag Kantate, 9. Mai 2004,
im Berliner Dom

[1] Bertolt Brecht, Dreigroschenoper, Stücke in einem Band, Frankfurt 1978, 181

Abschied und Wiedersehen

Offenbarung 1,7–8

Immer wieder grämen wir uns beim Abschiednehmen. Dann sehen wir dem Menschen, von dem wir uns verabschiedet haben, lange hinterher. Denken daran, wann wir uns wohl wiedersehen werden. Befürchten vielleicht, dass wir uns sehr lange nicht wiedersehen werden. Und argwöhnen gar, wir könnten uns niemals wiedersehen. Solche wenig schönen Abschiedsszenen kennen alle, solche Szenen wir alle, von

Freunden, Eltern, Ehepartnern: Das Leben besteht aus mehr oder weniger traurigen Verabschiedungen: „Nehmt Abschied, Brüder, ungewiss ist alle Wiederkehr, die Zukunft liegt in Finsternis und macht das Herz uns schwer."

Aber gelegentlich fällt ein Abschied nicht so schwer. Dann nämlich, wenn wir uns während oder unmittelbar nach dem Abschied vorstellen, wie es wohl sein wird, den Freund oder die Freundin in der Ferne zu erblicken, auf ihn oder sie zuzueilen und ihn oder sie in die Arme zu schließen. Wenn wir uns also vorstellen, wie sich das lang erwartete Wiedersehen wohl gestalten wird. In solchen Momenten wird uns gelegentlich klar: Abschied ist zwar traurig. Zugleich ist Abschied aber die Voraussetzung dafür, dass wir uns einmal wiedersehen können. Deswegen haben wenigstens manche Abschiede eine heitere Note, weil sie der Auftakt, das Präludium eines Wiedersehens sind.

Solche heiteren Gefühle der Vorfreude, die wir gelegentlich beim Abschied empfinden, haben viel mit dem Himmelfahrtsfest zu tun. Besonders deutlich wird das an einem Text aus der Offenbarung des Johannes. Dort heißt es:

Siehe, Jesus Christus kommt mit den Wolken, und es werden ihn sehen alle Augen und alle, die ihn durchbohrt haben, und es werden wehklagen um seinetwillen alle Geschlechter der Erde. Ja, Amen. Ich bin das A und das O, spricht Gott der Herr, der da ist und der da war und der da kommt, der Allmächtige.

Von Himmelfahrt, von einer Auffahrt in den Himmel ist in diesem Text überhaupt nicht die Rede. Vielmehr davon, dass Christus aus den Wolken wieder zurückkommt, sichtbar für alle. Der Text beschreibt keine Himmelfahrt, sondern eine Erdenfahrt, eine Fahrt auf die Erde zurück.

Viele Texte, die in den Kirchen zu Himmelfahrt gelesen werden, erinnern an die leicht absurde Vorstellung, Jesus fahre mit einer Art Fahrstuhl in den Himmel. So als seien Himmel und Erde mit einem Paternoster verbunden, in dem man auffahren, aber auch wieder absteigen könne. Solche kuriosen Bilder stellen sich schon deswegen ein, weil sie oft künstlerisch umgesetzt worden sind. Eine Wolke, aus der gerade noch einmal zwei Füße herausschauen, ein verklärter Jesus auf dem Wolkenfahrstuhl in den Himmel unterwegs. Diese Bilder prägen unsere Vorstellung von Himmelfahrt. Würden wir bei ihnen stehen bleiben, müssten wir annehmen, es ginge beim Thema Himmelfahrt um eine schlichte Ortsveränderung, von unten nach oben und von oben wieder nach unten zurück. Dann würden wir denken, der Himmel Gottes läge ein paar hunderttausend Kilometer hinter dem blauen Firmament und dahin sei Jesus von Nazareth eben gefahren wie ein Raumfahrer. Diese räumliche Auslegung der Himmelfahrtsgeschichten wäre ein arges Missverständnis. Das macht uns nicht zuletzt die Erzählung der Apostelgeschichte deutlich. Dort wird den Jüngern, die ratlos dastehen und in den Himmel starren, gesagt: „Ihr Männer von Galiläa, was steht ihr da und seht zum Himmel? Dieser Jesus, der von euch weg gen Himmel aufgenommen wurde, wird so wiederkommen, wie ihr ihn habt gen Himmel fahren sehen." Eine Frage auch an uns heutige Christen: „Was steht ihr da und starrt in Gedanken und Bildern auf den leeren, blauen Himmel?" Die Himmelfahrtsgeschichte erinnert daran, dass ein Abschied der erste Schritt zum Wiedersehen sein kann: Dieser Jesus, der von euch weggenommen wurde, wird so wiederkommen, wie ihr ihn habt fahren sehen. Den Abschied Jesu dürfen wir heiter als den Auftakt, als das Präludium eines großen Wiedersehens nehmen. Jedenfalls müssen wir nicht traurig in den Himmel starren und vergangenen Tagen nachtrauern.

Wenn wir uns schon auf das Wiedersehen freuen, dann schauen wir denen, die weggehen, nicht lange traurig nach, sondern eilen fort, sozusagen dem Wiedersehen entgegen, auf das wir uns schon freuen. So wie uns geht es auch den ersten Jüngern am Himmelfahrtsmorgen. Die Männer von Galiläa starren nicht mehr traurig und verzweifelt in den Himmel, sondern gehen an ihr Tagwerk in Jerusalem – „mit großer Freude", wie es im Bibeltext heißt, auf das Wiedersehen schon in der Stunde des Abschiedes. Manchmal gelingt es uns, nach Abschieden fröhlich in die Zukunft zu schauen, beispielsweise dann, wenn wir ganz genau wissen, dass wir uns schon übermorgen wiedersehen. Manchmal aber zweifeln wir, ob es wirklich zu einem Wiedersehen kommt. Manchmal wissen wir sogar sehr genau, dass es noch Wochen, Monate, Jahre bis zum Wiedersehen dauern wird. Dann würgt Kummer an unserer Seele und wir müssen ganz tapfer sein. Was in unserem Alltag schon zutrifft, gilt erst recht am Himmelfahrtsmorgen. Und so fragen wir uns: Woher wissen wir denn, dass Jesus von Nazareth, dessen Abschied wir heute feiern, wiederkommen wird? Woher wissen wir denn, dass es Sinn hat, sich auch hier in der Stunde des Abschieds über das künftige Wiedersehen zu freuen? Unser Predigttext antwortet auf solche Fragen mit berühmten, bekannten Sätzen: „Ich bin das A und das O, spricht Gott der Herr, der da ist und der da war und der da kommt." Alpha und Omega, der Anfangs- und der Schlussbuchstabe des griechischen Alphabets, in dem die Johannesoffenbarung ursprünglich geschrieben wurde, repräsentieren nicht nur Anfang und Ende des Alphabets, sondern die ganze Kette der Buchstaben, so wie wir im Deutschen die ersten drei Buchstaben nennen und das ganze Alphabet von A bis Z meinen. Auf Jesus Christus übertragen bedeutet das: Er steht nicht nur am Anfang allen Lebens, am Anfang unseres Lebens, er steht nicht nur am Ende allen Lebens, am Ende unseres Lebens, sondern er ist mit uns und bei uns alle Tage. Dass Jesus Christus am *Anfang* unserer Tage steht, daran erinnern wir bei der Taufe eines jeden Kindes, indem wir das Kinderevangelium lesen: „Lasst die Kinder zu mir kommen und wehret ihnen nicht; denn solchen gehört das Reich Gottes" (Markus 10,14). Dass Jesus Christus auch am *Ende* unseres Lebens stehen wird, dass er unser Leben, das er uns vor Jahren gegeben hat, in seine gnädigen Hände wieder zurücknimmt, das hoffen wir alle miteinander. Dies wird dann auch der Moment sein, wo ihn alle Augen sehen werden, wie es in unserem Text heißt, auch die, die ihn durchbohrt haben, die beispielsweise seine Bilder in den Revolutionen und Kriegen des zwanzigsten Jahrhunderts mit Bajonetten zerstochen haben und meinten, so die Religion auslöschen zu können und den Glauben an Jesus Christus verabschieden zu können. Jesus Christus steht aber nicht nur am Anfang unseres Lebens und auch an seinem Ende. Er begleitet unser Leben Tag für Tag. Das meint: „Ich bin das A und das O, der da ist und der da war und der da kommt." Es *ist* bei uns der, der am Anfang war und der am Ende kommen wird.

Auch diese Zusammenhänge können wir besser verstehen, wenn wir an die alltägliche Situation eines Abschieds denken. Wir freuen uns beim Abschied ja nicht nur, wenn wir an das nächste Wiedersehen denken. Nein, wir freuen uns auch, wenn die, die fortgegangen sind, selbst als gerade Fortgegangene, als Abwesende noch präsent sind: Wir sehen, wenn wir die Augen schließen, den, der fortgegangen ist, ganz lebendig vor uns, wir hören seine Stimme, ein Geruch des Parfüms hängt in unseren Kleidern, wir meinen, einen Händedruck zu spüren. Und freuen uns darüber, dass Menschen, die fortgegangen sind, doch in anderer Gestalt bei uns bleiben bis zum Wiedersehen. Natürlich ist Jesus von Nazareth nicht im Gefühl eines Händedrucks oder durch Parfümgeruch bei uns präsent, in unserem Leben gegenwärtig. Natürlich haben wir nicht den Eindruck, er sei gerade einmal fort und doch irgendwie noch da. Wie Jesus Christus trotzdem unmittelbar gegenwärtig ist, das können wir im Abendmahl erleben – in unvergleichlicher Weise, ungeachtet allen Abschieds damals in Jerusalem und längst vor seiner Wiederkunft am Ende unseres Lebens, am Ende aller Tage.

Wir müssen nicht ängstlich oder verwundert in den blauen Himmel schauen. Wir müssen nicht verzweifelt suchen, wie und wann uns Jesus Christus nahekommen wird, wie und wann er in unserem Leben präsent werden kann, wie und wann er unsere Wege begleitet. Nein: Er ist in jedem Abendmahl als der gegenwärtig, der da ist, der da war und der da kommt.

Predigt an Christi Himmelfahrt, 25. Mai 2006,
im Berliner Dom

„Morgen hängen wir uns auf..."

Johannes 14,23–27

„Morgen hängen wir uns auf [Pause].
Es sei denn, dass Godot käme.
Und wenn er kommt?
Sind wir gerettet."

So endet jenes zumindest dem Titel nach allseits bekannte Gleichnis irdischer Geistlosigkeit und Stumpfsinnigkeit, Samuel Becketts Theaterstück „Warten auf Godot" von 1948. Und

– auch ohne das Stück je gelesen oder angesehen zu haben – ahnen wir: Morgen hängen sich Estragon und Wladimir, die beiden Tippelbrüder von der Landstraße, die ewig wartenden Hauptfiguren des Stückes, natürlich auch nicht auf, obwohl Godot wieder nicht kommt.

Was um alles in der Welt bringt diese Menschen dazu, auf Godot zu warten? Obwohl doch nicht einmal klar ist, an welchem Tag diese Chimäre ihrer Hoffnung je erscheinen wird: „Er hat nicht fest zugesagt, dass er käme. – Und wenn er nicht kommt? – Kommen wir morgen wieder." Wozu hilft ein Godot, der vielleicht gar nie kommt?

Den Tippelbrüdern von der Landstraße soll er aus den alltäglichen Nöten helfen. Wladimir: „Heute Abend schlafen wir vielleicht bei ihm, im Warmen, im Trockenen, mit vollem Bauch, auf Stroh. Dann lohnt es sich zu warten." Godot – der Tröster der Tippelbrüder. Es ist so hoffnungslos im Straßengraben und unter freiem Himmel, dass es sich auch auf diesen unsicheren Heiland zu warten lohnt, auf den „guten Mann". Alles an ihm ist unsicher, selbst sein Name: „Heißt er Godot? – Ich glaube." Auch wenn's Wladimir leugnet – sein Freund und Kumpan Estragon sieht's schon richtig: Gebunden sind sie, „mit Händen und Füßen", an ihr armseliges Leben und den, der sie ihrer eigenen Meinung nach daraus erlösen könnte: Herr Godot, der neue unbekannte Gott, der unsichtbare, aber auch unsichere Heilbringer.

Samuel Becketts Stück zeichnet uns unsere Welt, wie sie vor den Kirchentüren tatsächlich weithin aussieht. Das bleibt übrig von Gott in der gottlosen Welt: ferne Hoffnungen, die Utopie eines Paradieses, wo alle mal im Warmen schlafen können und eine warme Suppe bekommen. Flackernde Irrlichter in weiter Ferne. Von diesen vielen fernen Godot-Hoffnungen, also von den vielen Ideologien dieser Welt, könnte man lange reden. Samuel Beckett hat für alles so vergebliche Warten, für alle solche Vertröstung – und sei es jene auf das Paradies der Arbeiter und Bauern – ein wunderbar deutliches Bild gefunden: eben das „Warten auf Godot".

Und wir Christen, die wir aus der Erfahrung des Pfingstfestes leben? Sind wir so viel anders als Estragon und Wladimir, die beiden Tippelbrüder von der Landstraße? Auf wen warten eigentlich wir? Im alten Pfingsthymnus *Veni creator spiritus* heißt es, wir warten auf „Licht im Verstand" inmitten unserer Ratlosigkeiten und gedanklichen Irrtümer. Wir warten auf der „Liebe Inbrunst" in unseren kalten, gleichgültigen Herzen. Und auf neue Kräfte im alten Fleisch, hin- und hergerissen zwischen Kraft, Krankheit und Ermattung. Durch die Jahrhunderte haben sich unsere Wünsche und Hoffnungen herzlich wenig geändert.

Warten wir wie die beiden Landstreicher? Könnte das Warten auf den Pfingstgeist eine besonders große und noch viel lächerlichere Form des Wartens auf Godot sein?

Antwort auf solche Fragen bietet das Pfingstevangelium an. Dort heißt es:

Aber der Tröster, der heilige Geist, den mein Vater senden wird in meinem Namen, der wird euch alles lehren und euch an alles erinnern, was ich euch gesagt habe.

Hilft dieser Bibelvers zu einer Antwort? Zunächst scheint es so, als ob hier auch nur gewartet werden kann. Viele Zukunftsformen sind in diesem Satz. Ähnelt er nicht jener Botschaft, die da lautet, dass Herr Godot „heute Abend nicht kommt, aber bestimmt morgen"?

In Wahrheit kann man sich kaum größere Gegensätze vorstellen als die, die zwischen Becketts Botschaft vom fernen Godot und der Pfingstbotschaft des Johannes bestehen. Die Protagonisten auf der Bühne kennen noch nicht einmal Namen und Person dessen, von dem die Rettung erwartet wird. „Godot" bleibt Chiffre, Chimäre. Ganz anders Jesus Christus, an den der heilige Geist im Johannesevangelium erinnert. Er ist das als Mensch geborene Wort Gottes, Jesus von Nazareth. Wir wissen vergleichsweise gut, was er machte und tat, am See Genezareth, in den Dörfchen des jüdischen Kleinstaates am Nordufer dieses Sees, in Kapernaum oder in Chorazin. Wir wissen, wie er bei seinen Reden in Galiläa und Jerusalem von einem gnädigen und freundlichen Gott redete, zu dem man getrost „Abba", Vater, sagen kann. Zu Godot kann keiner der Gestalten bei Beckett „Vater" sagen.

Godot kommt nicht und Jesus ist auch abwesend. Aber auch da gibt es in Wahrheit viel mehr Unterschiede als Gemeinsamkeiten zwischen beiden. Obwohl Jesus abwesend ist, erinnert uns der Heilige Geist an alles, was er gesagt hat. Der Heilige Geist, so lässt Johannes im Pfingstevangelium Jesus sagen, „wird euch alles lehren", wenn ich einmal nicht mehr bei euch bin, abwesend wie Godot. Auf die Rückfrage nach Wort, Werk und Person Jesu von Nazareth bleiben uns die Boten nicht stumm. Die Katecheten, Religionslehrerinnen und Pfarrer, die Kirchenmusiker und die sonstigen Mitarbeiterinnen rennen nicht weg wie der Botenjunge bei Beckett, sondern reden: Christenlehre und Religionsunterricht, Kindergottesdienst und Sonntagspredigt, Kirchenkonzert und Bibelkreis. Der johanneische Geist wirkt in der Gemeinde der Christen, stiftet Gemeinde und lässt keine ratlosen Wartenden am Straßenrand stehen.

Um die Unterschiede zwischen Gott und Godot etwas schärfer in den Blick zu fassen, müssen wir den eben zitierten Vers aus dem Pfingstevangelium noch etwas präziser betrachten. An diesem Vers und an den ganzen Abschiedsreden fällt auf, dass der vierte Evangelist die Pfingstgabe nur in der kurzen Erläuterung unseres Textes „Heiliger Geist" nennt. Sonst nennt er ihn vor allem mit einem griechischen Wort, das nur bei ihm und im ersten Johannesbrief fünf Mal vorkommt: „parakletos", zu Deutsch: der Fürsprecher, der zu unseren Gunsten Tätige, unser Anwalt, „der Beistand, den der Vater in meinem Namen senden wird".

Die beiden Tippelbrüder in Becketts Drama sind, wie sie selbst sagen, dazu „verdammt", sich selbst beizustehen. Sie haben keinen Fürsprecher oder Anwalt. Und so reden und reden sie aufeinander ein. Aber das geht ihnen nicht zu Herzen und so bleibt alles gleich. Auch alle Gesten jenseits der Worte misslingen: Wladimir singt Estragon das Schlaflied, aber der schläft vor Unruhe nicht ein. Der johanneische Beistand hingegen erschöpft sich nicht im endlosen Wiederholen irgendwelcher Worte – und sei's der alten Geschichten über Jesu Wort, Werk und Person. Er hat mit dem ganzen Menschen zu tun, mit Herz und Sinnen. Er tröstet unser erschrockenes Herz, so dass wir uns nicht mehr zu fürchten brauchen. Statt der hilflosen Vertröstung auf einen irgendwann vielleicht einmal erscheinenden Godot werden wir tatsächlich getröstet, erfahren in der Gemeinde Jesu Christi Beistand, Hilfe, Fürsprache, im Gottesdienst in Wort und Sakrament. Und keineswegs in diesen Dingen allein, sondern auch in den vielen übrigen Vollzügen eines konkreten Gemeindealltags. Godot bleibt in der Ferne, der dreieinige Gott hat sich in diese Welt aufgemacht und wohnt unter uns.

Der Evangelist Johannes bewahrt uns also vor einem Missverständnis. Wir stehen nicht wie Wladimir und Estragon da, wenn wir singen und rufen: „Komm" – fast alle Pfingstlieder beginnen ja so oder ähnlich: „Komm, Gott, Schöpfer, Heiliger Geist"; „Zeuch, zieh ein"; „O heiliger Geist, kehr bei uns ein". Wir rufen nicht hinüber zum abwesenden Godot, den es nicht kümmert, ob wir rufen oder nicht. Unser Beistand ist schon da, wir haben es erlebt und bitten nun nur darum, es wieder erleben zu dürfen. Wir können erzählen vom „Licht im Verstand" inmitten unserer Ratlosigkeiten und Irrtümer. Wir wissen etwas von „der Liebe Inbrunst", ihrem Eifer in unseren kalten, gleichgültigen Herzen und von den neuen Kräften im alten Fleisch; vom Frieden inmitten friedloser Zeiten.

Wir brauchen uns also weder heute noch morgen aufzuhängen. Der Beistand und Tröster war da, ist da und wird da sein. Wir sind gerettet und können die Landstreicher, die nach Rettung suchen, trösten. Wir können ihnen aus den all-

täglichen Nöten helfen, zum warmen Schlaf-
platz, „im Trockenen, mit vollem Bauch, auf
Stroh".

Predigt am Pfingstsonntag, 4. Juni 2006,
in St. Matthäus, Berlin-Tiergarten

Von der Großzügigkeit

Johannes 6,1–15

Danach fuhr Jesus weg über das Galilä-
ische Meer, das auch See von Tiberias
heißt. Und es zog ihm viel Volk nach, weil
sie die Zeichen sahen, die er an den Kran-
ken tat. Jesus aber ging auf einen Berg
und setzte sich dort mit seinen Jüngern. Es
war aber kurz vor dem Passa, dem Fest
der Juden. Da hob Jesus seine Augen auf
und sieht, dass viel Volk zu ihm kommt,

und spricht zu Philippus: Wo kaufen wir Brot, damit diese zu essen haben? Das sagte er aber, um ihn zu prüfen; denn er wusste wohl, was er tun wollte. Philippus antwortete ihm: Für zweihundert Silbergroschen Brot ist nicht genug für sie, dass jeder ein wenig bekomme. Spricht zu ihm einer seiner Jünger, Andreas, der Bruder des Simon Petrus: Es ist ein Kind hier, das hat fünf Gerstenbrote und zwei Fische; aber was ist das für so viele? Jesus aber sprach: Lasst die Leute sich lagern. Es war aber viel Gras an dem Ort. Da lagerten sich etwa fünftausend Männer. Jesus aber nahm die Brote, dankte und gab sie denen, die sich gelagert hatten; desgleichen auch von den Fischen, soviel sie wollten. Als sie aber satt waren, sprach er zu seinen Jüngern: Sammelt die übrigen Brocken, damit nichts umkommt. Da sammelten sie

Von der Großzügigkeit

und füllten von den fünf Gerstenbroten zwölf Körbe mit Brocken, die denen übrig blieben, die gespeist worden waren. Als nun die Menschen das Zeichen sahen, das Jesus tat, sprachen sie: Das ist wahrlich der Prophet, der in die Welt kommen soll. Als Jesus nun merkte, dass sie kommen würden und ihn ergreifen, um ihn zum König zu machen, entwich er wieder auf den Berg, er selbst allein.

Als Papst Johannes Paul II. zum Heiligen Jahr 2000 den Wunsch äußerte, auf dem Berg der Seligpreisungen am See Genezareth eine Messe für zehntausend Jugendliche zu feiern, wurden hektisch Planungsstäbe zusammengerufen, rückten Wochen vorher Bagger an, um Zufahrtstraßen zu planieren, wurden Imbissbuden auf Tiefladern angeliefert und Polizeikräfte aus dem ganzen Land zusammengezogen.

Nichts davon passiert in der Geschichte, die uns der Evangelist Johannes erzählt. An zehntausend Menschen sitzen irgendwo in der Einöde am See Genezareth auf dem Gras. Nichts ist vorbereitet, es gibt keine Logistik, keine Planung. Und: Keinerlei Essen ist da. „Wo kaufen wir Brot, damit diese zu essen haben?" – eine ziemlich absurde Frage in dieser dramatischen Situation, eine ziemlich absurde Frage in Jesu Mund. Natürlich gab es in diesen Tagen nirgendwo am See Genezareth eine Großbäckerei, die mal eben schnell für zehntausend Leute Brot backen konnte. Und wenn schon: Geld wäre, wie wir lesen, ja auch gar nicht da gewesen. Zweihundert Silbergroschen hätten nicht gereicht – eine Summe, für die man damals eine ganze Rinderherde kaufen konnte. Die Summe macht die dramatische Situation der Menge am See überdeutlich. Was dann passiert, ist mindestens ebenso absurd wie die Frage, wo man am

See Genezareth Brot für an zehntausend Leute herbekommt. Ein Jünger weiß, dass unter den vielen Menschen ein Kind ist, das zufällig fünf Gerstenbrote und zwei Fische dabei hat. Das hilft natürlich in der dramatischen Situation überhaupt nicht. Dennoch: Der Evangelist Johannes erzählt, dass das Unmögliche gelang. Nachdem Jesus über diesem kärglichen Mahl das Tischgebet gesprochen hatte und mit dem Verteilen von Broten und Fischen an die Menge begonnen hatte, wurde die ungeheure Menschenmenge satt. Verstehen wir diese Geschichte?

Martin Luther hat in einer Predigt über unsere Geschichte[1] ganz knapp gesagt: Geizige Menschen verstehen diese Geschichte überhaupt nicht. Wer immer nur rechnet, wer immer nur auf seinen Vorteil sieht, sagt Luther, versteht das Evangelium von der Brotvermehrung überhaupt nicht. Der kann es nicht verstehen. Luther hat vollkommen recht. Geizige Menschen haben immer nur die Erfahrung gemacht, dass es nicht reicht, für sie nicht und für andere schon gleich gar nicht. Die können sich einfach nicht vorstellen, dass ohne Geld und ohne ausreichende Ressourcen eine große Gruppe alles bekommt, was sie zum Leben braucht. Deswegen raffen sie erst einmal alles für sich selbst zusammen.

Großzügige Menschen verstehen die Geschichte von der Brotvermehrung wesentlich besser. Denn sie wissen aus eigener Erfahrung, dass beim Teilen das Geteilte mehr wird. Sie haben erlebt, dass man auch mit kärglichen Vorräten in der Speisekammer bei überraschendem Besuch ein wunderbares, reiches Mahl hinbekommt, weil der Akt des Teilens ungleich mehr sättigt als alle einsame Völlerei. Großzügige Menschen haben erlebt, dass ohne alle Planung und Logistik eine große Gruppe von Menschen satt und glücklich werden kann, und verstehen daher das Evangelium von der wunderbaren Brotvermehrung viel besser als die geizigen Menschen.

Am besten aber, sagt Luther, verstehen die dankbaren Menschen diese Geschichte. Seine Beispiele für diese Wahrheit stammen aus der engen Welt einer kleinen Universitätsstadt der frühen Neuzeit, aber wir verstehen sie doch: Eine dankbare Magd erinnert sich daran, dass sie ohne all Verdienst und Würdigkeit einen frommen Mann gefunden hat und sie gemeinsam eine stattliche Zahl gesunder Kinder bekommen haben. Ein dankbarer Professor erinnert sich daran, dass er einst ein armer Schüler war und Gott aus ihm einen „großen Doktor" gemacht hat. Wer sich dankbar daran erinnert, dass er ohne all sein Verdienst und Würdigkeit das Leben und die Gesundheit geschenkt bekommen hat, reiche Begabungen, zuverlässige Freunde, einen geliebten Lebenspartner, wunderbare

Kinder – der traut Gott zu, dass er auch anderen ohne deren Planung und Logistik, ohne deren Verdienst und Würdigkeit, allein aus lauter Gnaden etwas schenken will und schenken kann.

Die geizigen Menschen erwarten nichts, weder von anderen Menschen noch von Gott. Sie müssen alles von sich selbst und ihren eigenen Kräften erwarten. Die großzügigen Menschen wissen, dass nicht alles von ihren eigenen Kräften abhängt. Und die dankbaren Menschen wissen, dass das Wenigste im Leben von unseren eigenen Kräften, unseren eigenen Planungen und unserer eigenen Logistik abhängt – „Ja, mach nur einen Plan!", heißt das bei Brecht.[2] Die dankbaren Menschen erwarten noch etwas von Gott, weil sie wissen, dass sie von ihm schon so viel geschenkt bekommen haben. Das Evangelium von der wunderbaren Brotvermehrung ist, so gesehen, gar keine absurde Geschichte. Sie ist eine große Einladung,

Gott etwas zuzutrauen in unserem Leben. Durch das Evangelium von der Brotvermehrung sagt Gott uns: „Ich bin reich, wunderbar reich. Und ich kann dich ernähren. Halte du dich nur an solche Geschichten in der Bibel, halte dich an das Evangelium von der Brotvermehrung, lese und höre es, denke darüber nach. Entdecke, wo ich dich ernähre, speise, kleide, aufmuntere, tröste und beschenke. Bleibe nicht geizig, bleibe nicht ängstlich, sondern lass dich von solchen biblischen Geschichten zur Großzügigkeit einladen und zur Dankbarkeit provozieren."

Die Geschichte von der wunderbaren Brotvermehrung ermuntert uns dazu, wie Jesus über dem Brot das Tischgebet zu sprechen, dann die Gaben zu teilen und mit dem, was übrig bleibt, sorgsam umzugehen. Das Tischgebet ist alltägliche Einübung in die Dankbarkeit für Gottes reiche Gaben. Es ist die allerschlichteste Konsequenz, die wir aus dem Evangelium der Brotvermehrung ziehen können. Wenigstens an diesem Punkt sollten wir uns Zeit für Gott nehmen und nicht als Geizhälse durchs Leben wandern. Denn auf den Dankbaren ruht Gottes Segen. Sie werden überreich und über alles Verstehen hinaus gesättigt werden.

Predigt am 7. Sonntag nach Trinitatis, 3. August 2003, im Berliner Dom

[1] Martin Luther, Weimarer Ausgabe 17/II, 222-227 (hier 224)

[2] Bertolt Brecht, Lied von der Unzulänglichkeit menschlichen Strebens, Dreigroschenoper, Stücke in einem Band, Frankfurt 1978, 195

Das Paradies

Genesis 2,4b–9.15

„Darum sollt ihr nicht sorgen und sagen: Was werden wir essen? Was werden wir trinken? Womit werden wir uns kleiden? Denn euer himmlischer Vater weiß, dass ihr all dessen bedürft." So zu leben, wie es uns das Matthäus-Evangelium von Jesus empfiehlt, wäre fein und äußerst angenehm. Nicht darum sorgen, was man essen und trinken wird – also: sich nicht am Samstagabend vor dem leeren Kühlschrank fragen, was es am Sonntagmorgen zum Frühstück gibt; nicht darum sorgen, was man anziehen wird – also: nicht an jenem Morgen vor dem Kirchgang grübeln, wo man jetzt schnell ein gebügeltes Hemd herbekommt... Ja, das wäre herrlich, ist aber natürlich vollkommen utopisch. Wenn wir uns nicht um Essen und Kleidung sorgten, bliebe der Kühlschrank ebenso leer wie der Kleiderschrank. Beide Zustände sind wenig erstrebenswert. Daher fragen wir natürlich genau das, was wir nach dem Evangelium eben nicht fragen sollen: Was werden wir essen? Was werden wir trinken? Womit werden wir uns kleiden?

Wie schön wäre es, wenn wir das nicht mehr jeden neuen Morgen, jeden neuen Tag fragen müssten. Aber: Einen Ort, wo wir *nicht* mehr nach Nahrung und Kleidung zu fragen brauchen, gibt es doch hier auf Erden gar nicht. Das ist kein Ort, nirgends, oder ins Griechische und Lateinische übersetzt: Utopia. Das Schlaraffenland, wo einem gebratene Tauben, Hühner und Gänse einfach in den Mund fliegen, gibt es nur im Märchen der Gebrüder Grimm. Nach Hans Sachs liegt es „drei Meilen hinter Weihnachten", aber wo ist das schon? Wer kennt den Weg dorthin? Und das Paradies, in dem die Menschen in unschuldiger Nacktheit ohne alle Kleider wandeln und als Nahrung einfach die herrlichen Früchte von den Bäumen pflücken, ist ebenfalls für uns unerreichbar: Vor dem Garten Eden lagern die Cheruben, die Engel mit dem flammenden, blitzenden Schwert, und verwehren einem jeden den Zutritt, wie es in der Bibel heißt.

Kein Paradies auf Erden? Immer nur das alltägliche Sorgen nach Nahrung und Kleidung, nach Ruhm und Ehre, nach Leben und Gesundheit? Immer nur das Strampeln im Tretrad, scheinbar einige Schritte weiter und doch immer wieder am Anfang?

Es war zu der Zeit, da Gott der HERR Erde und Himmel machte. Und alle die Sträucher auf dem Felde waren noch nicht auf Erden, und all das Kraut auf dem Felde war noch nicht gewachsen; denn Gott der HERR hatte noch nicht regnen lassen auf Erden, und kein Mensch war da, der das Land bebaute. Aber ein Nebel stieg auf von der Erde und feuchtete alles Land. Da machte Gott der HERR den Menschen aus Erde vom Acker und blies ihm den Odem des Lebens in seine Nase. Und so ward der Mensch ein lebendiges Wesen.

Und Gott der HERR pflanzte einen Garten in Eden gegen Osten hin und setzte den Menschen hinein, den er gemacht hatte. Und Gott der HERR ließ aufwachsen aus der Erde allerlei Bäume, verlockend anzusehen und gut zu essen, und den Baum des Lebens mitten im Garten und den

Baum der Erkenntnis des Guten und Bö-
sen.

Und es ging aus von Eden ein Strom, den
Garten zu bewässern, und er teilte sich
von da in vier Hauptarme. Der erste heißt
Pischon, der fließt um das ganze Land Ha-
wila und dort findet man Gold; und das
Gold des Landes ist köstlich. Auch findet
man da Bedolachharz und den Edelstein
Onyx. Der zweite Strom heißt Gihon, der
fließt um das ganze Land Kusch. Der drit-
te Strom heißt Tigris, der fließt östlich von
Assyrien. Der vierte Strom ist der Euphrat.
Und Gott der HERR nahm den Menschen
und setzte ihn in den Garten Eden, dass er
ihn bebaute und bewahrte.

So weit diese wunderbare, uralte biblische
Geschichte, über die eigentlich sehr viel zu sagen wäre. Ich möchte mich aber auf das Paradies

konzentrieren. Schon allein deswegen, weil uns das Leben, das uns Jesus von Nazareth im Evangelium aus der Bergpredigt mit seinem Ruf „Sorget nicht" empfiehlt, so fremd und so paradiesisch vorkommt.

Was ist das Paradies nach dem Zeugnis dieser biblischen Geschichte? Ein Garten, genauer: ein „Garten in Eden", mit allerlei Bäumen, „verlockend anzusehen und gut zu essen". Feigenbäume gibt es offenbar darin, wohl auch Zedern, Zypressen und Platanen, in der Mitte zwei besondere Bäume, den Baum des Lebens und den Baum der Erkenntnis. Der Mensch, von Gott geschaffen aus dem Lehm des Ackerbodens, findet in diesem Garten, was er zum Leben braucht: die Früchte der Bäume und dazu einen ebenso geordneten wie geschützten Raum für sein Leben. *Hier*, im Garten Eden, *hier*, im Paradies, macht das Gebot Jesu aus der Bergpredigt Sinn: „Sorget nicht um euer Leben, was ihr essen und trinken werdet, auch nicht um euren Leib, was ihr anziehen werdet" – warum auch? Wer wollte sich angesichts so paradiesischer Umstände sorgen?

Das klingt zunächst alles wie im Märchen, wie im Bericht über das Schlaraffenland bei den Gebrüdern Grimm oder bei Hoffmann von Fallersleben. „Und von Kuchen, Butterwecken / Sind die Zweige voll und schwer; Feigen wachsen in den Hecken / Ananas im Busch umher." Dieses Schlaraffenland liegt „drei Meilen hinter Weihnachten", hinter einem Hügel aus Pflaumenmus, also irgendwo in Utopia, zu Deutsch: nirgendwo. Die biblische Geschichte hingegen versucht, recht genau zu sagen, wo dieser besondere Garten liegt. Im Osten, dort, wo Euphrat und Tigris zusammenfließen und die beiden anderen großen Ströme, deren Ursprung sich unsere Geschichte irgendwo im westiranischen Bergland vorstellt. Paradies, der Garten Eden, ist für unsere biblische Geschichte kein Unort, kein Utopia, sondern ein einigermaßen präzise lokalisierbarer Ort. Ein Ort, dessen Wasser wie Segenskräfte Gottes in die bewohnte Welt hineinreichen, in das assyrische und babylonische Großreich, dessen bauliche Überreste man im Pergamonmuseum bewundern kann. Das Paradies spendet in notorisch heißen und dürren Gegenden die Paradiesesgabe von reichlichem, frischem und klarem Wasser, es nährt Gegenden, in denen man Gold, feine Harze für die Parfümfabrikation und Edelsteine für die Schmuckherstellung findet. Das eine große Paradies im fernen Osten lässt die vielen kleinen Paradiese im Nahen Osten wie im Westen entstehen.

Was fangen wir nun an mit dieser Geschichte? Wir könnten uns köstlich amüsieren über die scheinbar naiven geografischen Vorstellungen der Menschen, die einst diese Texte schrieben. Mit Westermanns Schulatlas auf den

Knien lässt sich trefflich über die Geschichte von den Paradiesesflüssen höhnen: Selbstverständlich entspringen Euphrat und Tigris *nicht* im Garten Eden aus ein und derselben Quelle, sondern fließen gerade im Gegenteil nach vielen hundert Kilometern getrennten Laufs an der Mündung zusammen. Statt zu höhnen könnten wir auch begütigend darauf hinweisen, dass viele hochgelehrte antike Geografen über die Quellorte von Euphrat und Tigris auch nicht viel wissenschaftlicher zu schreiben wussten und ziemlichen Unsinn zusammenfabulierten. Aber damit hätten wir die biblische Geschichte etwas hochnäsig ins Museum gerückt und den Anspruch unseres Predigttextes nicht recht ernst genommen.

Versuchen wir lieber, mit dem alten Text unmittelbar ins Gespräch zu kommen und uns zu fragen: Wo liegt denn für *uns* das Paradies? Haben *wir* denn konkrete Vorstellungen davon, wo es zu lokalisieren ist? Oder halten wir es für einen Unort, ein Utopia drei Meilen hinter Weihnachten, über dessen Lokalisierung nachzudenken sich nicht lohnt? Natürlich: Wir alle wissen, dass unsere irdischen Paradiese im besten Falle vorläufig sind, es allenfalls winzige, flüchtige Momente vollkommenen Glücks gibt. Das „Urlaubsparadies" der vergangenen Sommerwochen? Seine Vorläufigkeit realisieren wir spätestens dann, wenn es ans Kofferpacken geht und uns nach der Sorgenfreiheit wieder die berühmten Sorgen des Alltags anfallen. Die „Paradiese" unserer Werbung – vom Muffin-Paradies zum Tapeten-Paradies, vom Kuckucksuhren-Paradies zum Radler-Paradies – verlieren ihre sagenhafte Anziehungskraft spätestens in dem Moment, wenn uns im Schnäppchen-Paradies die saftige Rechnung präsentiert wird für all die Kuckucksuhren, Muffins, Räder und Tapeten. Die Flüchtigkeit menschlicher Paradiese bemerken wir spätestens dann, wenn uns im Sport-Paradies, inmitten der braungebrannten Vertreter der Spaßgeneration, plötzlich die Luft ausgeht. Und schließlich das „Paradies der Werktätigen"? An solche unglückseligen Versuche, den Himmel schon hier auf Erden zu realisieren, wollen wir uns lieber gar nicht erinnern. Gott sei Dank war vorläufig, was im vergangenen Jahrhundert unter dieser Überschrift begonnen wurde.

Bleibt uns also im Blick auf das Paradies nur die ziemlich resignierte Antwort, dass es auf Erden nun einmal kein Paradies gibt und wir über das Paradies im Himmel nichts zu erzählen wissen außer Märchen, wenn wir überhaupt noch daran glauben. Müssen wir die Hoffnung, endlich einmal ohne Sorgen zu sein, aufs Jenseits verschieben oder als närrische Utopie abtun?

Versuchen wir doch lieber, darauf zu achten, ob nicht unsere ureigene Lebenswirklichkeit so mit dem Paradies Gottes verbunden ist wie nach Ansicht unseres Textes die Landschaften des Nahen Ostens durch die Wasserströme mit dem Garten Eden. Gibt es nicht auch in unserem Leben Wasser, das in Zeiten der Dürre, in Phasen der Erschöpfung erquickt? Wasser im ganz buchstäblichen Sinne, wenn es nicht als reißende Flut, sondern als kühles Nass daherkommt, aber auch die ganze schöne Welt Gottes, die Natur, ein aufbauendes Wort, ein tröstender biblischer Text, heilende Musik? Haben wir nicht alle irgendwann einen guten Grund gehabt und immer wieder reichlich neue Gründe, Gott für solche Segensströme mitten in unserem Leben zu danken? Gold, Baumharz und Edelstein finden sich in der alten Welt, die die Paradiesesflüsse umfließen. Wir könnten doch auch alle von solchem Schmuck unseres Lebens im eigentlichen wie übertragenen Sinne reden, oder? An einem Tag des offenen Denkmals muss man unbedingt auch die vielen wunderschönen Kirchengebäude nennen, deren Altäre, Glasfenster und Orgeln uns mit ihren Botschaften zum Glauben helfen können.

Und im Blick auf solche Segensströme, im Blick auf solche guten Gaben macht nun auch Jesu Wort aus der Bergpredigt seinen Sinn: Warum sorgt ihr euch immerfort? Schaut doch einmal auf die Segensströme, schaut doch einmal auf die reichen Güter und Gaben, mit denen ihr – trotz aller Sorgen, trotz allen Kummers – beschenkt seid! Natürlich müssen wir uns um Nahrung und Kleidung, um Frühstück und frisches Hemd sorgen. Aber wir sollen uns von solchen Sorgen nicht verzehren und auffressen lassen, den Blick auf die paradiesischen Gaben Gottes verstellen lassen.

Unser Bibeltext bindet beides eng zusammen – unsere je eigene Lebenswirklichkeit und die fremde Realität des Paradieses Gottes, unsere eigene Erfahrung und jene fremde, besondere Erfahrung im Garten Eden. Dieser Spur sollten wir zu folgen versuchen, auch wenn uns nüch-ternen Realisten die scheinbare Träumerei vom Paradies mindestens außerhalb der Kirchen-mauern verteufelt schwerfällt. Aber warum nehmen wir die Segensströme in unserem eige-nen Leben nicht als ein Vorzeichen dessen, was Gott uns schenken will? Warum sehen wir in den guten Gaben, die er uns immer wieder gibt, nicht einen Vorschein unseres künftigen Lebens bei ihm? Warum trauen wir dem, der uns auf Erden gelegentlich so paradiesisch beschenkt, nicht zu, uns das Paradies zu schenken?

„Ja, das mag ein schönes Leben / Und ein herrlich Ländchen sein. / Mancher hat sich hinbegeben, / Aber keiner kam hinein." So reden wir gewöhnlich, wenn es ums Paradies geht, um die Frage der Gemeinschaft mit Gott nach dem Ende unseres irdischen Lebens. Aber unser Predigttext will uns ermuntern, nicht länger das

Schlaraffenland der Gebrüder Grimm und das Paradies Gottes zu verwechseln. Dass es wirklich ein Paradies Gottes gibt, eine unzerstörbare Gemeinschaft von uns Menschen mit ihm, sehen wir an den Segensströmen, die von ihm ausgehen. Es sind eben diese Segensströme, die zeigen, wo dieses Paradies ist: bei unserem Gott, beim Quell der Segensströme. Und der Eintritt wird uns auch nicht schwerfallen. Man muss sich nicht hineinbomben, wie die verwirrten Attentäter des 11. September glaubten und deren Gesinnungsgenossen immer noch meinen. Im Gegenteil. Jesus Christus hat die Türe auch für die weit geöffnet, die hinter den religiösen und gesellschaftlichen Normen zurückbleiben. Wir dürfen sogar schon zu Lebzeiten durch die halbgeöffnete Tür hineinschauen, mindestens einmal jedes Jahr, wenn nicht öfter. Nicht drei Meilen *nach* Weihnachten, sondern gerade an diesen Festtagen: „Heut schleußt er wieder auf

196

die Tür / zum schönen Paradeis / der Cherub
steht nicht mehr dafür / Gott sei Lob, Ehr und
Preis."

Predigt am 15. Sonntag nach Trinitatis,
8. September 2002, im Berliner Dom

Sans souci

Lukas 18,28-30

„Sans souci", „ohne Sorge" oder „sorgenfrei" – diese beiden Worte hat Friedrich der
Große 1744 über sein gleichnamiges Lusthaus
vor den Toren der Stadt Potsdam setzen lassen.
Exakt diese Worte könnten auch über den Bi-
beltexten stehen, um die es geht. „Alle eure Sorgen werft auf ihn, denn er sorgt für euch" – werden wir von Jesus aufgefordert. „Es ist umsonst",
dass ihr euch sorgt, formuliert der 127. Psalm,

„es ist umsonst, dass ihr früh aufsteht und hernach lange sitzet und esset euer Brot mit Sorgen." „Sans souci": sorglos, heiter, gelassen will der preußische König im achtzehnten Jahrhundert vor den Toren seiner Residenz Potsdam leben. Und so sollen auch wir leben, sorglos wie die Könige. Können wir das aber, sorgenfrei leben, ohne Sorge sein?

„Sans souci" – ich weiß nicht, ob Ihnen schon einmal aufgefallen ist, dass die beiden französischen Worte in der Potsdamer Inschrift durch ein Komma getrennt sind und mit einem Punkt abgeschlossen werden: „Sans, *Komma*, souci, *Punkt*", zu Deutsch: „Ohne, *Komma*, Sorge, *Punkt*". Ganze Scharen von gelehrten Menschen haben sich darum gemüht, zu erklären, warum die Sorge von der Freiheit durch ein Komma getrennt ist. Wenn dem König beim Schreiben des Entwurfs für die Inschrift nicht einfach nur die Feder ausgerutscht ist, könnten

Punkt und Komma durchaus eine tiefere Bedeutung haben. Bloß welche? Ob Friedrich der Große vielleicht ahnte, dass es sorgenfreie Tage wie einst, als er noch Kronprinz war, für ihn als König kaum mehr geben würde – bekanntlich stand immer wieder einmal das Schicksal Preußens und sein eigenes dazu auf des Messers Schneide? Ob der König vielleicht deswegen anordnete, zwischen „Sans" und „souci" viel Platz zu lassen und die beiden Worte durch ein Komma zu trennen? Weil er wusste, dass „ohne" und „Sorge" nur in wenigen glücklichen Momenten zum „ohne Sorge", zum „sorgenfrei" zusammenkommen?

Ein Text aus dem Lukasevangelium bringt, genauso wie das Komma der Inschrift des Schlosses Sanssouci, nüchternen Realismus zwischen alle biblischen Aufforderungen zur Sorglosigkeit. Der Evangelist gibt darin einen Ausschnitt aus einem Gespräch Jesu mit seinen Jüngern wieder.

Da sprach Petrus zu Jesus: Siehe, wir ha-
ben, was wir hatten, verlassen und sind dir
nachgefolgt. Jesus aber sprach zu ihnen:
Wahrlich, ich sage euch: Es ist niemand,
der Haus oder Frau oder Brüder oder El-
tern oder Kinder verlässt um des Reiches
Gottes willen, der es nicht vielfach wieder
empfange in dieser Zeit und in der zukünf-
tigen Welt das ewige Leben.

Gänzlich ohne Sorge, sorgenfrei, waren die
ersten Menschen, die sich um Jesus von Nazareth scharten, die ihm nachfolgten, gewiss nicht.
Offenkundig steht im Hintergrund unserer kleinen Geschichte die bange Sorge der Jünger Jesu,
ob sie für all das, was sie aufgegeben haben,
auch einen Gegenwert erhalten werden – oder
ob sie einfach nur als Verlierer dastehen werden, als Tölpel, die eine gesicherte Existenz als
Zollpächter oder Fischer für einen närrischen

Wanderprediger und Sektierer aufgegeben haben. Wer sich solche tiefgreifenden Sorgen um sein Leben macht, sagt wie Petrus in unserem Predigttext: „Wir haben, was wir hatten, verlassen." Und das stimmt ja: Da haben – auch wenn wir uns das heute nur noch schwer vorstellen können – eine ganze Anzahl von Menschen ohne jede Aussicht auf neue Sicherheiten ihren Beruf verlassen, ihr Zollhäuschen, ihr Fischerboot und was auch immer noch, sind aus ihren Wohnungen und Häusern ausgezogen und haben sich von ihren Lebenspartnern und Familien getrennt, und all das nur dazu, um mit einem heimatlosen Wanderprediger durch das nördliche Galiläa am See Genezareth zu ziehen. In solcher Lage kann, sollte man sich als vernünftig denkender Mensch schon allerlei Sorgen machen: „Was werden wir essen? Was werden wir trinken? Womit werden wir uns kleiden?" Schließlich hängen auch rund um den See Genezareth herum keine Kleider an den Bäumen, stehen Wasser und Wein nicht in Krügen abgefüllt an der Straße und liegen die gebratenen Fische nicht zum Essen bereit vor den Häusern.

An anderer Stelle weist Jesus solche nur allzu verständlichen Sorgen nach Essen, Trinken und Kleidung äußerst schroff zurück: „Nach dem allen trachten die Heiden." Im Lukas-Text weist Jesus dagegen solche Sorgen interessanterweise nicht einfach zurück. Auch tadelt er in dieser biblischen Geschichte seine Jünger keineswegs mit schroffen Worten, sondern geht eher seelsorgerlich und sensibel auf ihre Sorgen ein. Jesus bestätigt Petrus und den anderen Jüngern zunächst, dass Menschen, die mit ihm durchs Land ziehen, „Haus oder Frau oder Brüder oder Eltern oder Kinder" verlassen haben, kurz: sich vollständig und radikal von ihrem bisherigen Leben getrennt haben. Und weil er offenkundig versteht, dass Menschen sich Sorgen machen, wenn sie alles, was sie hatten, verlassen haben, verweist er solche Menschen darauf, was sie stattdessen empfangen haben: „Es ist niemand", sagt Jesus, „der Haus oder Frau oder Brüder oder Eltern oder Kinder verlässt um des Reiches Gottes willen, der es nicht vielfach wieder empfange in dieser Zeit und in der zukünftigen Welt das ewige Leben." An dieser Stelle bricht die Geschichte im Lukasevangelium ab. Offenbar wussten die Menschen also, was sie empfangen haben durch Jesus von Nazareth „in dieser Zeit". Man musste es anscheinend damals gar nicht mehr aussprechen, so selbstverständlich war das.

Wir sollten aber besser nachfragen: Was empfingen denn die Jünger Jesu, die, die mit Jesus um den See Genezareth und durch Galiläa zogen „in dieser Zeit", also in jenen Tagen, da sie alles, was ihnen zuvor gehörte, verlassen hatten um seinetwillen? Zunächst einmal ganz trivial:

204

zu essen, zu trinken und etwas anzuziehen. Unsere Evangelien sind ja voll von Geschichten, die beschreiben, wie diese merkwürdige Gruppe von heimatlosen, herumziehenden Menschen wunderbarerweise immer etwas zu essen und zu trinken hat, sei es deswegen, weil sie das Wenige, was sie haben, miteinander teilen, sei es deswegen, weil wunderbarerweise doch noch jemand etwas Essbares findet, ein leeres Netz plötzlich voller Fische ist oder schlicht und einfach jemand Jesus von Nazareth und seine Schar zum Essen einlädt. Aber die Jünger Jesu bekamen „in dieser Zeit" – in den Tagen, da sie alles, was ihnen zuvor gehörte, verlassen hatten – natürlich nicht nur Essen, Trinken und Kleidung. Sie hatten zwar ihre Familien, Eltern, Geschwister, Partner und Kinder verlassen, aber doch gleichzeitig eine neue Familie gefunden: Jesus, der ihnen ihren Vater im Himmel nahebrachte, und dazu eine ganze Schar von neuen Geschwistern,

Schwestern und Brüder, die ihnen das neue Leben erträglich, vielleicht sogar leicht machten.

Petrus und die anderen Menschen um Jesus hatten, kurz gesagt, alles, was sie hatten, verlassen, ihr ganzes bisheriges Leben aufgegeben, aber ein neues, freieres, frömmeres Leben gewonnen. Ein ewiges Leben, wie es in unserem Predigttext heißt, anstelle des vergänglichen, irdischen, sorgenvollen Alltagslebens, das sie verlassen hatten. So etwa tröstet Jesus von Nazareth in unserem Predigttext Petrus und die Jünger, die sorgenvoll fragen, ob sie noch ganz bei Trost waren, als sie alles verlassen hatten, was sie haben.

Tröstet das aber auch uns? Tröstet es uns, wenn wir nicht sorgenfrei, sans souci, leben können? Hilft uns der Verweis auf eine Schar von Fischern und Zollpächtern, die ohne Beruf und festen Wohnsitz um einen kleinen See in der abgelegensten Ecke des Römischen Reiches ziehen und Bewegendes mit Jesus von Nazareth erleben? Auf den ersten Blick hilft uns Jesu Trost in unserem Text überhaupt nicht. Viel zu unterschiedlich ist das damalige Leben von unserem heutigen. Und doch: Ist es nicht so, dass auch wir mindestens gelegentlich unsere vielen Sorgen vergessen, wenn wir mit Jesus von Nazareth auf dem Weg sind? Wieder ganz konkret: Haben nicht auch wir wie damals die Jünger schon gelegentlich vergessen, wie hungrig und durstig wir selbst sind, weil uns auf fesselnde Weise ein biblischer Text erklärt wurde, wir Kirchenmusik hörten, die uns tief bewegte – haben wir das nicht schon alle, wenigstens hin und wieder, erlebt? Sind wir nicht wenigstens gelegentlich auf diese Weise abgelenkt worden von der Sorge um Hab und Gut, um Ehre und Geltung, um Besitz und Wohlstand? Haben wir nicht wenigstens gelegentlich tiefes Glück erfahren, beispielsweise wenn wir einem anderen Menschen geholfen haben, mit anderen in einer Kirchengemeinde etwas veranstaltet oder sonstwie zuwege gebracht haben, ein tiefes Glücksgefühl erlebt, das alle finsteren Sorgen verdrängte?

Wir werden unsere finsteren Sorgen, unsere Kümmernisse und Lebensangst dann los, wenn wir unseren Blick darauf wenden, was uns alles geschenkt worden ist in den vergangenen Jahren unseres Lebens, jeden neuen Tag geschenkt wird. Ein Sonnenstrahl am trüben Tag, ein freundlicher Dank eines Menschen, fröhliche Töne einer Orgel, das strahlende Lächeln eines Kindes: Es ist niemand unter uns, der, wenn er von seinen Sorgen wegschaut, im Gegenzug nicht reichlich empfängt. Jesus von Nazareth vertröstet seine Jünger nicht auf ein fernes ewiges Leben, sondern verweist sie ganz konkret auf die vielfältigen Geschenke Gottes „in dieser Zeit", also im Alltag *dieser* Welt.

Er verschweigt allerdings auch nicht, dass nur ein solches Leben ewigen Bestand hat. Das

Beispiel des preußischen Königs aus Potsdam lehrt, dass wir aufgrund vermeintlicher militärischer Stärke oder sonstiger Sicherungssysteme in unserer Gesellschaft nicht wirklich sorgenfrei werden können – da wird sich immer ein trennendes Komma zwischen „sans" und „souci" schieben. Wirklich sorgenfrei ist nur das Leben, das ewigen Bestand hat, das Leben in der Nachfolge Jesu, das Leben, das auf Gottes Wegen wandelt. Ein Leben ohne Punkt und Komma sozusagen. Ist es nicht zutiefst tröstlich, zu hören, dass alle unsere Angst und Sorge keinen ewigen Bestand haben, dass sie spätestens vergehen, wenn diese Welt und dieses Leben ver-gehen? Es ermuntert uns, den Weg Jesu schon in diesem Leben fröhlich mitzugehen, ohne die ständige Sorge um das, was wir haben und so gern behalten wollen.

Predigt am 15. Sonntag nach Trinitatis,
4. September 2005, im Berliner Dom

Dankbarkeit

1. Timotheus 4,4-5

Am Erntedankfest liegt es nahe, über das Danken nachzudenken und von der Dankbarkeit zu reden. Obwohl der große Kreislauf von Saat und Ernte, Frost und Hitze, Sommer und Winter, Tag und Nacht ja nur noch in sehr eingeschränktem Maß unser Leben bestimmt. Erdbeeren und andere Köstlichkeiten der Natur gibt es praktisch das ganze Jahr – und sei es im Delikatessengeschäft für teures Geld. Vor Frost schützt die Heizung, die Unbilden des Winters machen uns bald wieder die Räumfahrzeuge der Stadtreinigung erträglich, die Hitze des Sommers ertrugen wir mit Hilfe des Ventilators und die einst so strikte Grenze zwischen Tag und Nacht verschieben wir jeden Abend wieder neu durch unsere Schreibtisch- und Wohnzimmerlampen. Man könnte also meinen, ein auf solche natürlichen Kreisläufe bezogenes Erntedankfest sei heute wenig mehr als ein anachronistischer, archaischer Brauch. Dennoch ahnen wir alle, dass wir Stadtmenschen des einundzwanzigsten Jahrhunderts durch das Danken und durch die Dankbarkeit mit den vielen Generationen verbunden sind, für die der Kreislauf von Saat und Ernte, Frost und Hitze, Sommer und Winter, Tag und Nacht noch wirklich das Leben in einem existenziellen Sinn bestimmte: Erntedank.

Wie halten wir es aber mit dem Danken? Wie steht es mit der Dankbarkeit unter uns? Im ersten Timotheusbrief findet sich folgender Gedanke:

Denn alles, was Gott geschaffen hat, ist gut, und nichts ist verwerflich, was mit Danksagung empfangen wird; denn es wird geheiligt durch das Wort Gottes und Gebet.

Der Autor dieses Satzes hat scheinbar gar keine Antwort auf unsere Fragen, sondern beschäftigt sich mit ganz anderen Problemen. Er schreibt: Alles, was mit Danksagung empfangen wird, alles, was mit Dank angenommen wird, ist gut und nicht verwerflich. Und weil er das so pointiert formuliert – *alles*, was Gott geschaffen hat, ist gut – können wir ahnen, dass einzelne Christen das damals durchaus anders gesehen haben. So steht es auch einige Verse vor unserem Text in diesem Brief: „Sie gebieten", heißt

es da, „nicht zu heiraten und Speisen zu meiden." Da gab es also Christenmenschen, die das
Heiraten und das Essen bestimmter Speisen
nicht für eine gute Gabe Gottes hielten, sondern
vielmehr für Teufels Zeug, für etwas, was man
als guter Christ tunlichst unterlassen sollte. Der
Autor des ersten Timotheusbriefes argumentiert gegen solche Verbote nun aber gar nicht
eigens für Heiraten und Essen – etwa nach dem
Motto: „Es ist anregend, es ist wunderbar, ver-
heiratet zu sein", oder in der Art: „Ein köstliches
Essen darf man sich ruhig auch als Christen-
mensch leisten." Nein, der Autor betont aus-
schließlich die Bedeutung des Dankens: Was
wir dankbar empfangen und wofür wir Danke
sagen, ist allein schon durch unsere Dankbarkeit als gute Gabe Gottes charakterisiert und
kann gar nicht schlecht, verderblich oder verwerflich sein. Mit anderen Worten: Wenn wir
für das Essen dem Geber aller Gaben „Danke"

sagen, ist nichts, aber auch gar nichts dagegen einzuwenden, dass es uns richtig gut schmeckt. Wenn wir für Lebenspartner, Kinder und Freunde dankbar sind, spricht nichts, aber auch gar nichts dagegen, dass wir uns von Herzen über diese Mitmenschen freuen. Für den Autor des ersten Timotheusbriefes hat das Danken eine außerordentlich große Bedeutung – Danken und Dankbarkeit charakterisieren für ihn das Leben einer christlichen Gemeinde, sind die angemessene Reaktion auf Gottes gute Gaben und bewirken, dass uns alle Dinge zum Besten dienen.

Und wie halten wir es? Sind wir allezeit dankbar? Danken wir unserem Schöpfer für die Fülle der guten Gaben, die wir Tag für Tag von ihm empfangen? Oder muss man eher sagen, dass wir in zutiefst undankbaren Zeiten leben? In Zeiten, wo die Menschen zwar sehr genau wissen, was ihnen zusteht, worin ihre Rechte bestehen, die sie auch vehement einklagen –

aber dabei kaum das Wort „Danke" über die Lippen bringen, nicht gegenüber ihren Mitmenschen und erst recht nicht gegenüber ihrem Gott. Wir kennen das alle und ich brauche nicht lange darüber zu reden: die unfröhlichen, verkniffenen Gesichter derer, die selbstverständlich und ohne ein Wort des Dankes hinnehmen, was nicht selbstverständlich ist und eigentlich Grund für tiefe Dankbarkeit wäre. Wir kennen sie doch alle: Kollegen, denen man unter vielen Mühen einen großen Gefallen getan hat; Nachbarn, deren Launen und Marotten man jahrelang ertragen hat – und kein Wort des Dankes, keine Geste der Dankbarkeit, nicht einmal ein Lächeln. So geht das doch häufig unter uns Menschen zu; so undankbar, so hartherzig gehen wir doch auch oft mit unserem Gott um. Irre ich mich, wenn ich denke, diese Seuche der Undankbarkeit habe sich stärker ausgebreitet in den letzten Jahrzehnten? Täusche ich mich, wenn ich unsere Zeiten für undankbarer halte als die meiner Kindertage?

Wenn ich recht hätte mit solchem Lamento über undankbare Zeiten, dann würde die Schlüsselfrage unseres Textes lauten: Wie können denn wenigstens wir wieder lernen, dankbarer zu sein? Wie lernen wenigstens wir wieder diese heitere, offene, freundliche Dankbarkeit, die Menschen und Gott dankt für alle Wohltaten und Barmherzigkeit, die wir Tag für Tag, Stunde um Stunde empfangen?

Der Schweizer Dichter Max Frisch beschreibt in seinem Tagebuch aus dem Jahre 1969, wie er eines Tages einen Menschen auf der Straße traf, dem er sehr viel verdankte; er hatte ihm das Architekturstudium ermöglicht, ihn mit Literatur, Kunst und Musik vertraut gemacht, mit Schopenhauer, Mozart, Beethoven, Nietzsche, Riemenschneider, Bruckner. „So vieles verdanke ich diesem Mann", schreibt

Frisch, „auch das Engadin."[1] Und dann notiert Frisch ganz bekümmert in seinem Tagebuch, wie dieser Mensch, dem er so viel verdankte, weiterging und tat, als habe er den Dichter nicht gesehen. Frisch wollte ein Zeichen seines Dankes geben, eine Geste tiefer Dankbarkeit – und konnte es nicht. Diese trübe Situation bringt ihn auf die Idee, in seinem Tagebuch eine lange Liste der Dankbarkeiten zu notieren. Frischs Liste ist lang und enthält ganz verschiedene Einträge. Für die Mutter ist er dankbar, für Gesundheit und Kinder, für seine Begegnungen mit Suhrkamp und Brecht, für den Partner, für Freundschaft mit Kollegen und Nachbarn, aber auch dafür, dass der Ehrgeiz nachlässt, dass er nicht nach Stalingrad befohlen wurde und für die Spannung zwischen Mundart und Schriftsprache.

Wie wäre es denn, wenn wir wenigstens einmal im Jahr solche Listen der Dankbarkeit aufstellen würden? Wenigstens einmal im Jahr, am Erntedankfest? Wenn wir wenigstens einmal im Jahr auch aufschreiben würden, wem wir Dank schulden: den Eltern, den Kindern, für Freunde und Kollegen, den Nachbarn, für Glück, Erfolg und Gesundheit. Haben wir etwa keinen Grund, Gott zu danken, dass wir solche langen Listen schreiben können, länger noch als Max Frisch in seinem Tagebuch?

Unser Text gibt uns, wenn wir ihn nur aufmerksam lesen, einen Ratschlag. Er rät uns, alles, was wir empfangen und wofür wir danken können, durch das Wort Gottes zu heiligen und durch das Gebet. Das ist ganz konkret gemeint. Uns wird mit solchen Worten geraten, auch unter der Woche einmal einschlägige biblische Texte über das Danken zu lesen, beispielsweise aus den Psalmen. Uns wird auf diese Weise empfohlen, vor unseren Mahlzeiten zu beten, die alte Tradition des Tischgebetes zu pflegen.

Und schließlich wird uns ans Herz gelegt, anlässlich von wichtigen Zäsuren des Lebens wie Hochzeiten schöne Gottesdienste zu feiern und nicht alle Kraft nur auf die Feier danach zu konzentrieren. Auch das alles versteht sich heute ganz gewiss nicht von selbst: Die Pfarrerinnen und Pfarrer sollten gemeinsam mit den Taufeltern, Konfirmanden oder Hochzeitspaaren schöne Gottesdienste vorbereiten, an die man sich auch in schwierigen Zeiten gern und mit Gewinn zurückerinnert. Die Eltern müssen mit ihren Kindern das Beten regelrecht üben, so wie es die meinigen mit mir geübt haben. Die Theologen sollten Gebete formulieren, die auch andere gern und überzeugten Herzens mitsprechen können. Und wo die schönsten biblischen Texte über das Danken nachzulesen sind, muss auch irgendwo gesagt werden, weil es die meisten Menschen gar nicht mehr wissen – beispielsweise im Religionsunterricht.

Wie kalt es in einer Gesellschaft werden könnte, die das Danken und die Dankbarkeit nicht mehr kennt, ahnen wir, wenn wir auf die rasche Ausbreitung der muffligen Undankbarkeit in unserer Welt schauen. Das wäre dann eine Gesellschaft, in der es nur noch anstrengende Saat und keine fröhlichen Erntedankfeste mehr gäbe, nur noch Frost, nur noch Winter, nur noch Nacht. Das wollen wir nicht und das sollten wir auch nicht wollen. Der Protest gegen solche Entwicklungen beginnt ganz schlicht: Er beginnt damit, dass wir „Danke" sagen. Und so ist das Erntedankfest zunächst einmal ein kräftiges Zeichen gegen eine Welt ohne Dankbarkeit, ein kräftiges Zeichen gegen eine Welt, die das Danken verlernt hat. Am Erntedankfest können wir uns aber auch selbst wieder vornehmen, mehr zu danken. Beispielsweise vor den Mahlzeiten zu beten oder Listen der Dankbarkeiten anzulegen, wie Max Frisch dies in seinem Tagebuch tut. Und wir können lernen, die unfröhlichen, muffligen und undankbaren Zeitgenossen zur Dankbarkeit zu ermuntern, ihnen und uns zum Nutzen. Denn „alle gute Gabe kommt her von Gott dem Herrn, drum dankt ihm, dankt und hofft auf ihn".

Predigt am Erntedankfest, 1. Oktober 2006,
im Berliner Dom

[1] Max Frisch, Tagebücher 1966-1971,
Frankfurt/M. 1979, (253-256) 254

Alte und neue Welt

Offenbarung 21,1-7

Und ich sah einen neuen Himmel und eine neue Erde; denn der erste Himmel und die erste Erde sind vergangen, und das Meer ist nicht mehr. Und ich, Johannes, sah die heilige Stadt, das neue Jerusalem, von Gott aus dem Himmel herabkommen, bereitet wie eine geschmückte Braut ihrem Mann. Und ich hörte eine große Stimme vom Thron her, die sprach: Siehe da, die Hütte

Gottes bei den Menschen! Und er wird bei ihnen wohnen, und sie werden sein Volk sein, und er selbst, Gott mit ihnen, wird ihr Gott sein; und Gott wird abwischen alle Tränen von ihren Augen, und der Tod wird nicht mehr sein, noch Leid noch Geschrei noch Schmerz wird mehr sein; denn das Erste ist vergangen. Und der auf dem Thron saß, sprach: Siehe, ich mache alles neu! Und er spricht zu mir: Schreibe; denn diese Worte sind wahrhaftig und gewiss! Und er sprach zu mir: Es ist geschehen. Ich bin das A und das O, der Anfang und das Ende. Ich will den Durstigen geben von dem Brunnen des lebendigen Wassers umsonst. Wer überwindet, der wird es alles ererben, und ich werde sein Gott sein, und er wird mein Sohn sein.

Einen *neuen* Himmel und eine *neue* Erde

sieht Johannes. Wir schauen am Ende des Kirchenjahres für gewöhnlich auf diese alt gewordene Erde und sehen, wenn wir überhaupt den Himmel im Blick haben, den Himmel der Trauergottesdienste des vergangenen Jahres und den Himmel, der sich über den Gräbern unserer Partner, Verwandten und Freunde wölbt. Natürlich hoffen auch wir, dass Gott alle Tränen von unseren Augen abwischen wird, und der Tod nicht mehr sein wird, noch Leid noch Geschrei noch Schmerz. Am Ende des Kirchenjahres, wenn wir zurückschauen, fällt unser Blick von ganz allein auf die Verluste, die uns zugefügt worden sind, wir denken an die Menschen, die uns im vergangenen Jahr fortgenommen worden sind, Junge und Alte, Gesunde und Kranke, Nahe und Ferne.

Es war, so scheint mir, keine wirklich überzeugende Idee, den „Totensonntag" aus unserem liturgischen Kalender zu verbannen und weitestgehend durch einen „Ewigkeitssonntag" zu ersetzen. Können wir denn wirklich lebensnah und verständlich von der Ewigkeit reden, ohne zuvor an den Tod und unsere Toten zu denken? Kann man einfach so von einem neuen Himmel und einer neuen Erde reden, ohne doch mindestens daran zu erinnern, wie sehr wir unter dieser alten Erde auch leiden? Ich befürchte, dass wir, wenn wir einfach nur über den neuen Himmel und die neue Erde reden, die gewaltigen Unterschiede übersehen, die zwischen Neuem und Alten, zwischen Zeit und Ewigkeit klaffen. Wenn es in unserem Text heißt: „Siehe, ich mache alles neu!", dann ist das ganz ernst, radikal ernst gemeint: Die alte und die neue Erde sind vollkommen voneinander unterschieden, schlechterdings voneinander getrennt. Hier muss jeder Mensch einmal sterben. Dort, wo Gott alles neu macht, wird der Tod nicht mehr sein und schon deswegen wird dort auch kein

Leid noch Geschrei noch Schmerz mehr sein. Hier fragen Menschen gelegentlich verzweifelt, wo sie Gott finden können – beispielsweise in Not und Krankheit; hier diskutieren wir in unserer Kirche bisweilen über die Schmerzgrenze hinaus, was Gottes Wille in den großen ethischen Konfliktlagen dieser Zeit wohl meinen mag. Dort wird Gott bei den Menschen wohnen, „Gott mit uns" in einem ganz anderen Sinne, als das unsere Vorväter meinten, und wir werden keine Fragen mehr haben, sondern nach Gottes Wort und Willen ganz selbstverständlich und fröhlich leben.

Warum ist es so wichtig, dass wir uns diese Unterschiede zwischen der alten Erde und dem neuen Himmel immer wieder klarmachen? Schon deswegen, weil das vergangene zwanzigste Jahrhundert geprägt war von menschlichen Versuchen, den neuen Himmel schon auf der alten Erde zu errichten. Die einen versprachen das Paradies der Werktätigen und verfrachteten viele arbeitende Menschen in die Hölle von Sibirien. Die anderen schwadronierten von einer neuen Volksgemeinschaft und brachten doch Millionen ihrer Mitbürger in die Gaskammern. Das vergangene Jahrhundert war geprägt von den Ideologien, die den Himmel auf Erden versprachen, weil man nichts mehr davon wusste, dass Gott alles neu macht. Die Ideologen des zwanzigsten Jahrhunderts dachten daher auch, es käme den Menschen zu, das Erste zum Vergehen zu bringen. Und darin waren die Ideologen in aller Regel erfolgreicher als bei dem Versuch, auch gleich noch alles neu zu machen – ein Blick über die Trümmerwüsten des zwanzigsten Jahrhunderts hätte die Menschen lehren können, wie aberwitzig der Versuch ist, Gott zu imitieren und den neuen Himmel auf der alten Erde schon einmal selbst zu realisieren. Ich sage das, ohne mit dem Zeigefinger auf andere zu weisen – wir wissen ja alle, dass auch die evangelische Kirche munter mitgetan hat bei solchen Versuchen, dass sie zur Rechten wie zur Linken abgewichen ist vom Weg, den uns die Johannesoffenbarung vorzeichnet.

Die Johannesoffenbarung zeichnet uns zunächst einmal starke und kräftige Bilder, die zu trösten vermögen und über Jahrhunderte Menschen zu neuen Bildern angeregt haben. „Von zwölf Perlen sind die Tore an deiner Stadt / wir stehn im Chore der Engel hoch um deinen Thron." Philipp Nicolai, der in politisch höchst unruhigen Zeiten lebte und mancherlei persönliches Leid ertragen musste, sieht sich in einem seiner Lieder bereits in der neuen Stadt, die Johannes nur aus dem Himmel herabkommen sieht. Oder das andere Bild aus seinem Text, dass Gott uns wie früher unsere Mütter und wohl gelegentlich in besonderen Momenten die Ehefrauen die Tränen abwischen wird – „Wein doch nicht, lieb Gesicht". Nicht das harte „Indianer kennt keinen Schmerz", mit dem wir uns selbst ermahnen oder womit wir ermahnt werden, sondern ein ganz sanftes Abwischen aller Tränen. Und ein drittes Bild: Umsonst trinken aus einer Quelle, die nie versiegt. Nicht mühsam Sprudelkisten aus dem Auto wuchten, den guten Wein teuer in der Pfalz oder sonstwo bezahlen, sondern umsonst, gratis ohne alle Vorbedingungen so lange trinken, bis aller unser Durst gestillt ist.

So, wie Johannes schreibt und Philipp Nicolai dichtete, sollten die Theologen, ja, sollten wir alle von unserem christlichen Glauben reden. Nicht in einer Sprache, die keiner mehr versteht, nicht im Fachjargon irgendeiner Theologie dieser oder vergangener Tage, nein, in solchen ebenso einfachen wie starken und daher so tröstlichen Bildern. So zu sprechen, so vom Glauben zu sprechen, haben viele verlernt.

Sie reden weder ehrlich vom Tod noch ehrlich vom neuen Leben, das uns Gott schenkt. Verdruckst, in unerträgliche Schachtelsätze verpackt, wird höchst zögerlich mit der alten Erde und dem neuen Himmel umgegangen. Viele haben den Tod ebenso aus ihren Häusern verbannt wie die Ewigkeit – oder sagen wir vorsichtiger: zu verbannen versucht. Denn irgendwann holt er uns bekanntlich alle ein.

Der Text aus der Johannesoffenbarung ermuntert uns zunächst einmal, ehrlich mit unserer Trauer, ja unserem Zorn über den Tod umzugehen. Wir sollen uns gegenseitig nicht verschweigen, dass und was wir im vergangenen Jahr auf dieser alten Erde erlitten haben. Aber wir sollen uns am Ewigkeitssonntag gegenseitig auch die einfachen, starken und tröstlichen Bilder vom neuen Himmel erzählen und uns auch dazu ermuntern, sie anderen Menschen außerhalb der Gemeinde, außerhalb der Kirche zu erzählen. Ich glaube einfach nicht, dass solche herrlichen Bilder – von der ewigen Wohnstadt, von dem Ort, da uns alle Tränen abgewischt werden, davon, dass wir umsonst trinken können, bis wir nicht mehr dürsten – heute unverständlich geworden sind. Man kann vermutlich fragen, ob heute noch alle Menschen die Begrifflichkeit der Rechtfertigungslehre des 16. Jahrhunderts verstehen – aber dass es gratis, umsonst zu trinken gibt, solange wir durstig sind, versteht jeder Mensch, der schon einmal mit einer Sprudelkiste vor einer Supermarktkasse stand. Dazu muss er keine Zeile Luther gelesen haben, geschweige denn Theologie studiert haben.

Wenn wir so sorgfältig zwischen alter Erde und neuem Himmel unterscheiden, wenn wir uns nicht anmaßen, selbst Gottes Reich zu Stand und Wesen bringen zu können, dann werden wir darauf aufmerksam, dass uns schon in diesem Leben die wunderbaren Bilder der Johannesoffenbarung trösten können – Gott also gleichsam die Morgendämmerung seines neuen Himmels am Horizont dieser alten Erde aufziehen lässt. Die Bilder lassen das Morgenrot in das Dunkel unserer trüben Tage, in unseren Kummer und unsere Tränen hineinbrechen. Die Bilder helfen dabei, vom Schmerz der Erinnerung nicht überwältigt zu werden, sondern sogar am Totensonntag den Blick auf unser aller Ewigkeit zu lenken. Dass Gott, der A und O ist, Anfang und Ende zusammenhält, in seiner gnädigen Hand hält, uns mit solchen starken Bildern tröstet, kräftigt und ermutigt, darauf dürfen wir getrost hoffen. Wir haben das ja auch schon erlebt. Dass wir diese gute Nachricht nicht im stillen Kämmerlein behalten dürfen, sondern hinaustragen sollen in diese Stadt, in Krankenhäuser und Wohnungen – das ist die alte und doch immer wieder neue

Aufgabe, zu der wir in der Gemeinde Jesu Christi gerufen sind.

Predigt am Vorabend des Ewigkeitssonntags,
21. November 2004, in der Alten Dorfkirche Zehlendorf
im Kapitelgottesdienst der Johanniter

Bibliografische Information der Deutschen Nationalbibliothek. Die Deutsche Nationalbibliothek verzeichnet diese Publikation in der Deutschen National- bibliografie; detaillierte bibliografische Daten sind im In- ternet über http://dnb.d-nb.de abrufbar.

Gestaltungskonzept und grafische Umsetzung:
Lena Gerlach, Hansisches Druck- und Verlagshaus GmbH

Redaktion und Lektorat:
Uwe Birnstein

Umschlagillustration:
Sabrina Müller

Druck und Bindung:
Lindendruck Verlagsgesellschaft mbH, Hannover

© Hansisches Druck- und Verlagshaus GmbH, Frankfurt am Main 2009

Printed in Germany
ISBN 978-3-938704-87-5